イワシが鯨を呑む日

君にもベンチャーが起こせる!

You can also start a ventutre business!

日本ベンチャーキャピタル協会会長
NIFベンチャーズ特別顧問
堀井愼一 監修

エヌ・アイ・エフ ベンチャーズ 編

まえがき

「イワシが鯨を呑む」大仰なタイトルだと思われるかもしれませんが小企業（イワシ）がアイデアを事業化し、短期間に時流にも乗って大企業（鯨）を凌駕するという意味です。米国におけるサクセスストーリーを表現する言葉です。

日本経済はいま大きな転換期を迎えています。かつてアメリカも大企業が成長の壁にぶつかり経済が停滞するという時代を経験しました。その閉塞した状況を打破したのがスモールビジネスの興隆であったことはご存じのとおりです。

一九七〇年代にハーバード大学の学生だったビル・ゲイツがマイクロソフトを立ち上げウィンドウズという武器で情報ハイウェイの先駆者として巨大企業ＩＢＭの牙城に迫ったのです。いまやマイクロソフトは、世界一の時価総額企業になりました。

日本においても敗戦直後から本田・ソニーのごとくイワシ（鰯）から世界の大企業へと発展した例など枚挙にいとまがありません。英雄の多くは、混乱期、大変革期にこそ出現しています。経済が順調に発展しているときには鯨のような大企業にベンチャービジネスが伍して行くことは大変です。平和・安定期にはベンチャービジネスへの挑戦者はなかなか出てきません。現在の日本は奇跡の経済復興そして世界最大の債権大国といわれた十数年前の姿は微塵もありません。肥大化した伝統産業、不良債権処理に喘ぐ銀行等、経済は混迷しています。

一四年前、世界市場最大の時価総額を誇っていた東京株式市場もいまや高値の五分の一にすぎなくなってしまいました。

しかし、このような経済の大転換期には鰯のようなベンチャービジネスが鯨を呑むチャンスが出てくるのです。双子の赤字を抱えた米国がクリントン時代にゴールデンナインティーズを実現し、アジア通貨危機の韓国がＩＭＦ救済のもと「漢江の奇跡」といわれる復興を遂げたのもベンチャービジネスが大きな役割を果たしたからです。まさにいま最大のチャンスが日本に訪れているのです。明治維新・第二次世界大戦敗戦以来のベンチャービジネス挑戦のチャンス到来の時期です。われわれはＮＩＦの業務を通して、日々その予兆を感じ取っています。

本書は、ビッグチャンスを迎えているいま、ベンチャービジネスを起こそうという起業家の方々の立場に立って、ベンチャーキャピタルからのアドバイスをさせていただくことを目的に書いたものです。

ＮＩＦの二〇年を超える経験を総動員して、成功するベンチャー、失敗するベンチャーのケーススタディから、わかりやすい事業計画書の書き方、資金調達の方法までを詳しく解説することに力を入れました。

本書を指針に、鯨を呑むイワシになる起業家が一人でも多く出ていただくことを心から願っています。

チャンス到来!!　夢の実現には当然多くの苦労は伴いますが成功の喜びのほうが大きく、いままさにその時期だと確信しています。

二〇〇三年六月

堀井　愼一

イワシが鯨を呑む日・目次

目次

第3章　ベンチャー振興の現状

第5章 プロが教える事業計画書の書き方

第6章　日本ベンチャーキャピタル協会を活用しよう

第1章

いまがチャンス！ベンチャービジネスが日本経済を活性化させる

Episode 1

I 日本経済再生の鍵を握るベンチャービジネス

二九万社が廃業する日本

デフレ不況の中で苦悩している日本経済ですが、この不況脱出のキーワードが二つあります。「過去の清算」と「未来への挑戦」です。過去の清算とはいうまでもなく不良債権処理で、いまこれが加速化していることは周知のとおりです。

それと同時に産業構造の大転換が進んでいます。つまりこれまで事業会社は多角化をはかるという旗印の下にさまざまな関連会社をつくってきましたが、これからは成長する事業だけを取り出したり、成長が見込めない会社を整理するという動きもいま急速な勢いで進んできているのです。実際、この過去の清算がビジネスになっています。M&A（企業

表①

日米の開廃業率比較

米国

	86～91年	91～96年	＊96～99年	
開業率	14.1%	13.8%	13.7%	（102万社）
廃業率	11.8%	12.1%	11.9%	（85万社）

＊米国は91～97年

日本

	86～91年	91～96年	＊96～99年	
開業率	3.5%	2.7%	3.5%	（18万社）
廃業率	4.0%	3.2%	5.6%	（29万社）

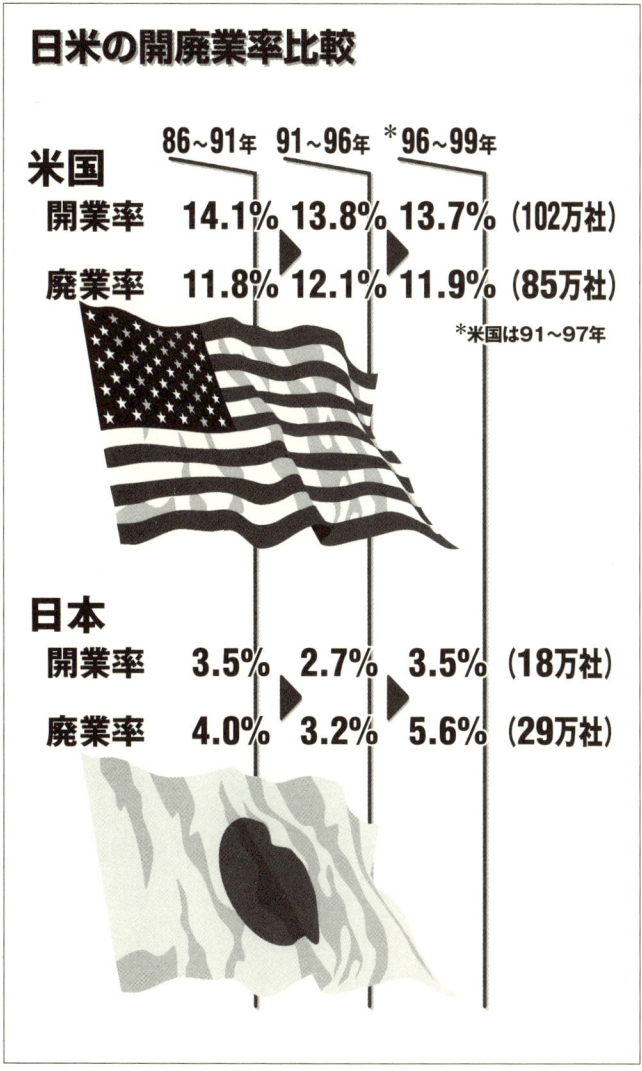

の買収・合併）とか企業の経営陣が親会社などの株主から企業を買収するマネジメント・バイ・アウト（ＭＢＯ）の事例が急増し、企業のリストラや事業再編に活用されていますし、企業再生ファンドが盛んに出てきていますし、産業再生機構もできました。

さらに、規制緩和による競争促進や間接金融の行き詰まりと直接金融の拡大、グローバリゼーションの進展などがあげられます。

日本経済を再生させるには過去の清算だけでは不可能です。「未来への挑戦」が必要なのです。これがベンチャーキャピタルの役割で、ニュービジネスに対して投資をして、新しい産業を育成するわけです。

では、日本とアメリカでどれくらいの企業が開業し、廃業しているでしょうか。（表①「日米の開廃業率比較」参照）一九九六年から九九年にアメリカでは一〇二万社生まれて八五万社がつぶれています。企業の新陳代謝がアメリカの場合は非常に活発で、これがアメリカ経済のエネルギーになっていることがわかります。

一方、日本の場合は同じ期間に一八万社しか生まれてきていないのに対して、二九万社も廃業しているのです。純減です。これでは日本経済の活性化も期待できません。

こうした状況を打破するために、平沼赳夫経済産業大臣は三年後にこの一八万社を三六万社にしようということをスローガンに掲げて、さまざまな施策を打ってきています。このスローガンどおり毎年三六万社生まれてくれば、ニュービジネスの種はいっぱい出てくるということになると思います。

日本のベンチャービジネスの大きな悩みはマーケティングです。技術があっても大企業はベンチャービジネスをなかなか受け入れてくれません。あるいは公共セクターにしても入札主義でなかなか入り込む余地がありません。さらに資金、人材面でもベンチャービジネスは悩みを抱えています。

そのほか規制も大きな壁となっています。特区構想も進んでいますが、通信分野をはじめ、運輸、医療、教育などまだまだ規制緩和は必要です。アメリカの場合、たとえば刑務所を運営管理しているベンチャービジネスまであります。それほどアメリカの場合は民間が行う業務が非常に多く、その結果、そうした業務に関連した企業もたくさん生まれてくるのです。

ＧＤＰと起業家活動

では、ＧＤＰ（国民総生産）と起業家活動はどう関連しているでしょうか。（図①参照）ロンドンのビジネススクールとアメリカのバブソン大学によるＧＥＭ（グローバル・エンタープレナーシップ・モニター）が二〇〇〇年に二一カ国の創業者を調査したもので、先ほども指摘したように、もちろんこれだけが原因ではありませんが、起業家活動が活発でない日本ではＧＤＰの成長率も低くなっていることがわかります。一方のアメリカはやはり高くなっています。そのアメリカ以上に起業家活動が活発なのが韓国です。

図①

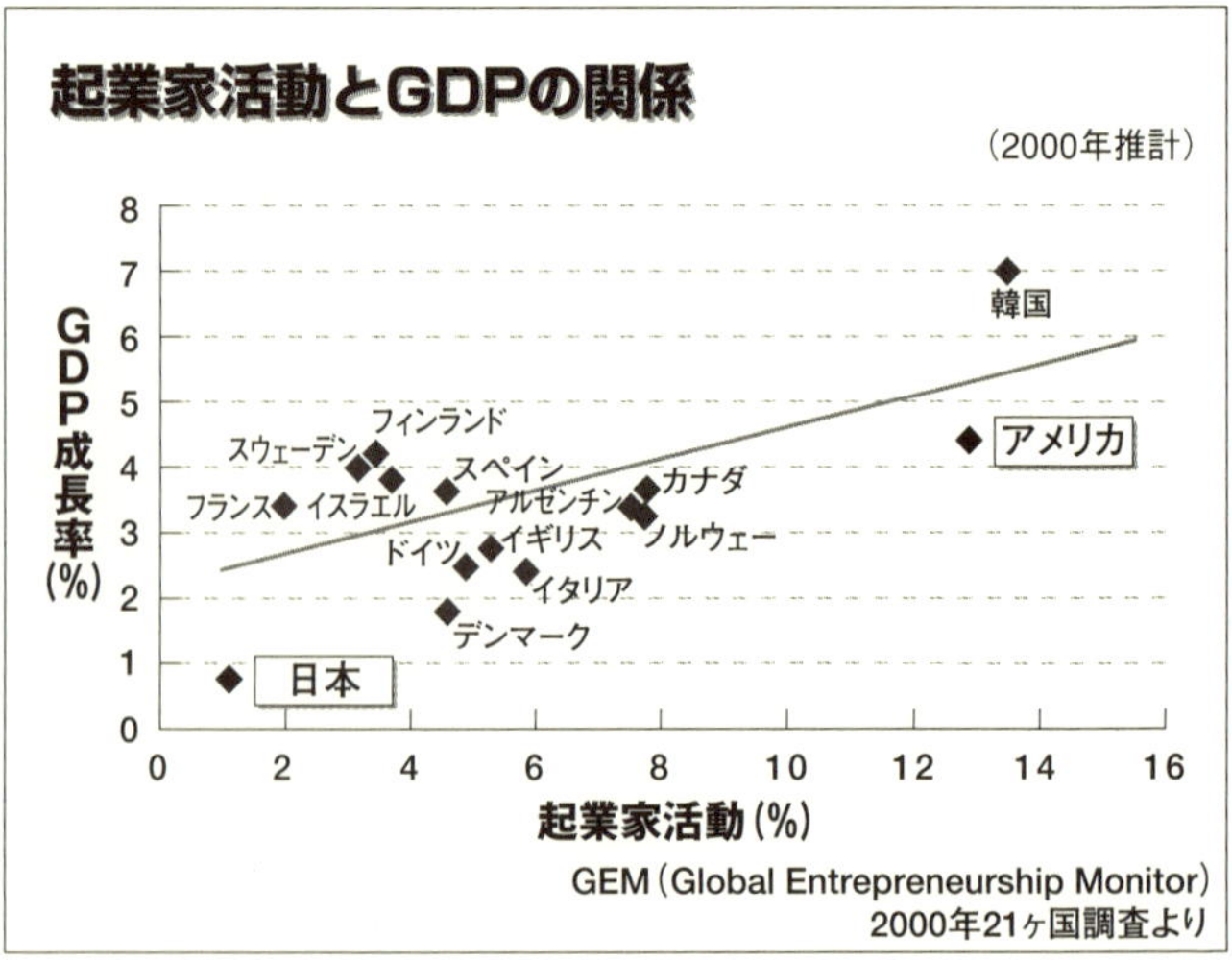

韓国は第二次石油危機に伴うインフレと経常収支の悪化によって、一九八〇年の経済成長率はマイナスとなり、累積債務問題が顕在化しました。こうした事態に、ＩＭＦの指導の下で金融引き締めによる経済安定化政策をとり、八〇年代後半は、年率九・五％の実質経済成長率を達成するとともに、経常収支も黒字化し、産業面でも鉄鋼、造船、電機、自動車といった重化学、機械工業の分野で飛躍的な発展を見せました。こうした長期にわたる韓国経済の発展は、「漢江の奇跡」と称されたのです。

その後、九七年になると中堅財閥の相次ぐ倒産による信用不安で通貨ウォンが急落、海外投資家が資金を引き揚げるという事態になり、当時の金泳三政権はＩＭＦに、五八三億ドルもの緊急融資を要請したのです。翌九八年二月に就任した金大中大統領は不良債権の集中処理を急ぎ、五年間で公的資金は一五九兆ウォン（一六兆二〇〇〇億円）を投入し、大銀行の一部は国有化や財閥系企業の整理・淘汰を進めました。この迅速な行動で、韓国経済は再生し、九九年末に金大統領はＩＭＦ管理体制の終結を宣言しました。これは第二の漢江の奇跡ともいわれました。

そのときに韓国政府が行ったのが、徹底したベンチャービジネスの振興だったのです。

韓国では若者には二年間の兵役義務がありますが、優秀なベンチャービジネスマンには兵役を免除するといったことを行ったのです。その結果、政府のブロードバンド振興策と相まってさまざまな中小企業が生まれて高い成長率を取り戻すことができたのです。ひるがえっていうと、日本の成長率が低いのは、中小企業が生まれてこないためであるということも一つの原因だということができます。

スイスのビジネススクールであるＩＭＤの調査によると二〇〇二年の国際競争力の一位はアメリカでした。これに対して日本はなんと三〇位になっています。一九八九年から九三年のこの五年間、国際競争力は日本はずっと一位だったのです。

こうしたことを見ても、日本は大企業が動きがとれなくなってきた状況の中で、どんどん新しい中小企業が出てこなければならない状況にあるということがいえます。

日米英の起業家精神を比較すると

ＧＥＭの調査から、日本とアメリカと英国の企業活動の比較を抜き出したのが図②です。各国で一〇〇〇人を対象に調査したもので、「知人の中にここ六カ月以内にビジネスを始めた人がいますか」というクエスチョンに対して日本では一八％、アメリカは四九％、

図②

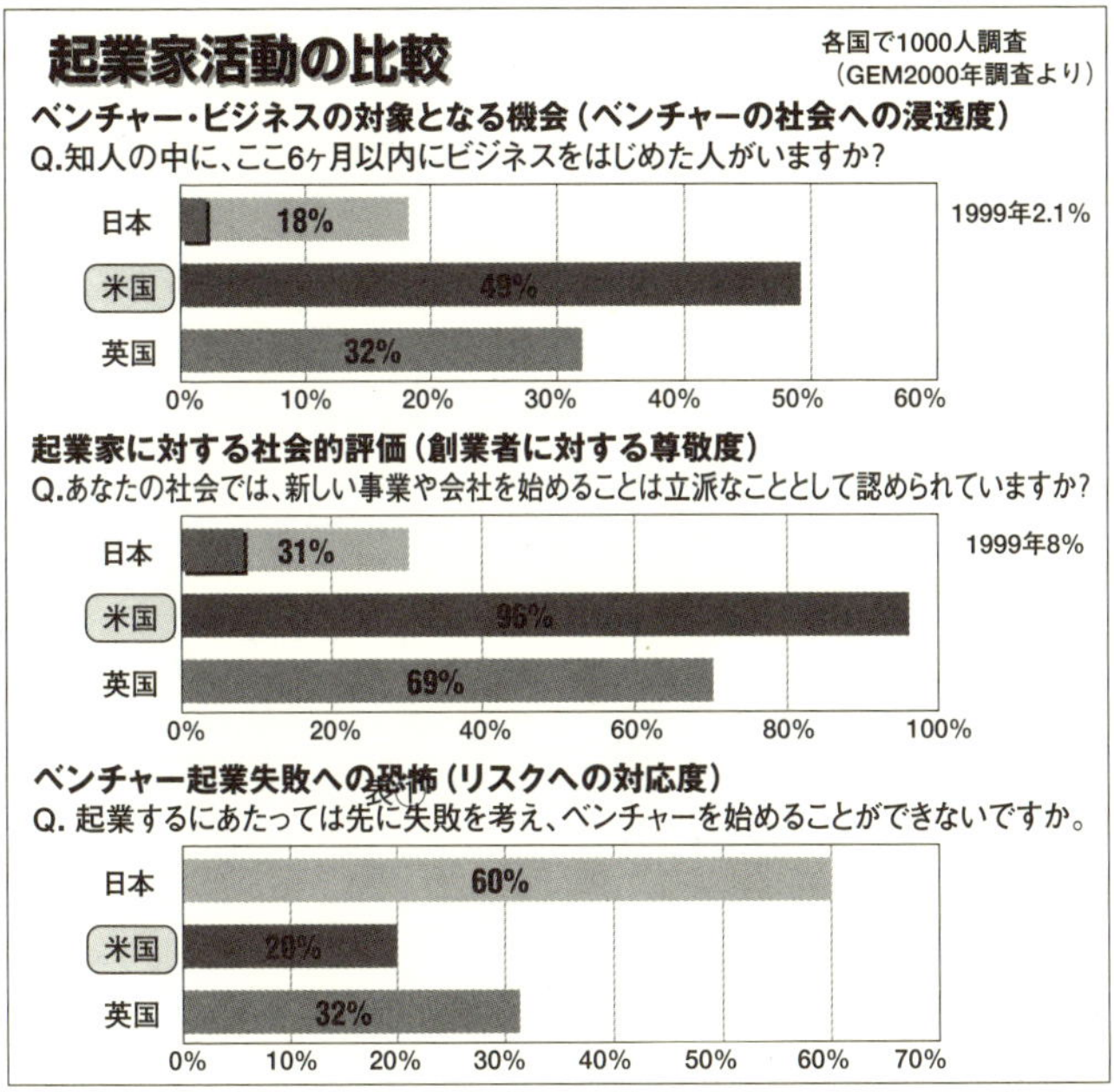

イギリスは三二%という回答になっています。一〇〇人のうち一八人しか起業していないということです。ちなみに一九九九年はこれが二・一%でした。九九年の二・一%から二〇〇〇年に一八%へというのは、これはかなり起業家活動が活発になってきているともいえますが、それでもまだアメリカと比べれば低いのです。

二番目の「あなたの社会では新しい事業や会社を始めることを立派なこととして認められていますか」というクエスチョン

に対してアメリカは実に九六%の人が立派だと答えています。イギリスも七〇%ですが、日本は三割しか立派なことと認められていると答えていません。これを見ても日本のカルチャーは寄らば大樹の陰、優秀な大学を出て大企業に入って、そして終身雇用、年功序列がいぜんとして日本のカルチャーであることがわかります。

三番目は、「起業するにあたっては先に失敗を考えてベンチャーを始めることはできないですか」という質問ですが、これに対して六割の日本人はできないと答えています。アメリカは二〇%、イギリスは三二%となっており、やはり日本は失敗したらおしまいという社会であるということがわかります。アメリカでは失敗の経験をプラスに評価します。ですから、失敗を糧として再起した人に対していろんな投資家が集まるのです。日本は大企業に勤めている人がスピンアウトして企業を始めたら、親も兄弟も友達も必ずしも喜んではくれません。失敗でもしようものなら、それ見たことかということになります。戦争直後はそんなことはなかったのでしょうが、その後起業しにくい雰囲気が一般的になっていったといえます。

ハングリー精神が低い若者たち

それではいまの若者の意識はどうでしょうか。図③は日本青少年研究所が発表した日本と、韓国、アメリカ、フランスの中学高校生の生活意識調査です。高い社会的地位や名誉を得ることについて、アメリカの中高生の意欲が非常に高いのがわかります。これに対して日本の中高生は四カ国の中で最低となっています。また、お金をたくさん儲けることにもあまり興味がありません。円満な家庭を築き上げることにもそれほどの興味はありません。そして、人生を楽しんで生きていくことにダントツの興味を示しています。

図③

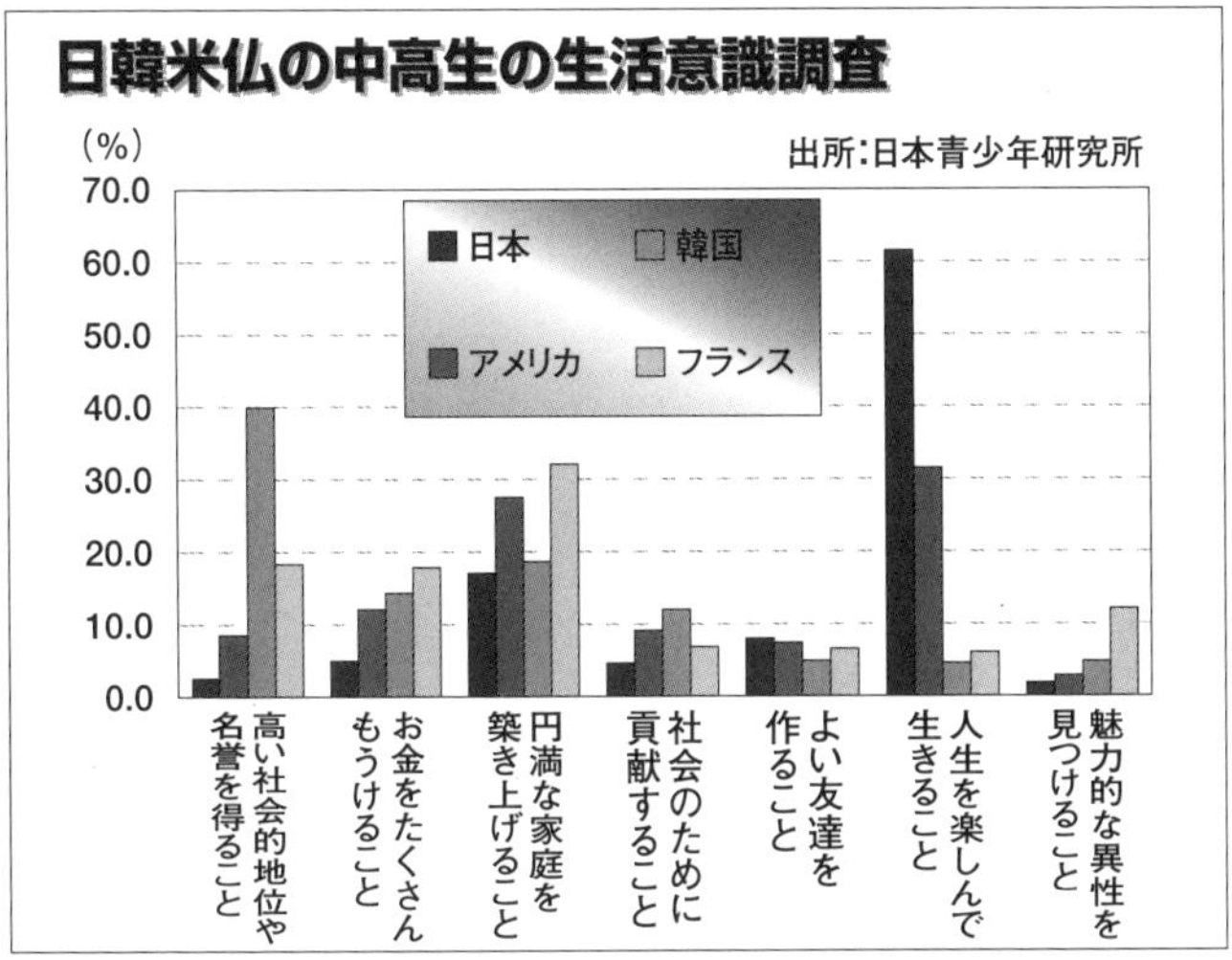

よく日本の青少年は恵まれ過ぎている、ハングリー精神がないといわれますが、この意識調査にもそれが出ています。これもよくいわれることですが、やはり教育の問題が大きいといえるでしょう。競争のない教育を戦後続けてきた結果、夢や競争心、希望に欠ける青少年が増えたということかもしれません。

戦後は文字どおり食べることも大変な時代でした。そうしたハングリーな状況から、ホンダやソニーといった世界的企業が生まれてきたのです。そういう意味では、日本は本当にハングリーにならないと、ハングリー精神は生まれないのではないかとさえいわれます。しかし、ここへきて、たとえば大企業からスピンアウトする若者が大勢出てきています。これを見ると、必ずしも悲観的な話ばかりではないのです。

政府の起業家支援政策

後ほど章を改めて詳しく解説しますが、政府も起業家支援のための主要な政策を打ち出しています。一九九五年四月には中小企業創造法が施行され、各都道府県にベンチャー財団ができました。もっとも、これは官制のベンチャーキャピタルともいうべきもので、結果的にはうまくいきませんでした。その後、九八年には大学等技術移転促進（ＴＬＯ）法ができて、いわゆる産学連携の強化が打ち出されました。これによっていま、大学の動きが一変してきています。

同じ九八年の一一月には投資事業有限責任組合法ができました。ベンチャーキャピタルのお金は組合という形でお金を集めて運用しています。これは機関投資家がベンチャーキャピタルに資金を出していたのですが、年金が全然入っていませんでした。無限責任だから、年金は入れなかったのです。これを有限責任にしますと、出資した資金以上の責任は取られませんので、年金も投資しやすくなります。実際、二〇〇一年のアメリカではベンチャーキャピタルへの出資金の内五二％は年金が占めています。そこで九八年にできたのがこの法律です。これによって、年金も投資事業組合に投資できるようになり、ようやく今年あたりからオルタナティブ投資という形の中で運用の多様化を図り、ベンチャーファンド、ベンチャー投資をやろうかという動きが出てきています。

また、九九年一二月には三六年ぶりに中小企業基本法が改正されました。これは商法の大改正にともなって行われました。従来の商法はベンチャービジネスから見ると非常に使い勝手が悪く、赤ん坊と大人を一緒にしたような法律でしたが、これをベンチャー企業をわが国の経済活力の源泉と位置づけたわけです。

それから二〇〇三年二月になって施行されたのが中小企業挑戦支援法です。一円でも株式会社が設立できるようになりました。ただし、現在の最低資本金は株式会社で一〇〇〇万円、有限会社で三〇〇万円ですから、五年以内に現行の株式会社の最低資本金の一〇〇〇万円までもっていかなければいけませんが、五年間は一円でもいいのです。

また、一株当たり資産が五万円でなければいけないという規制も撤廃されました。これによって株式の分割が容易にできるようになり、少ない資金で取引が可能となり、売り買いがしやすくなったのです。

さらに二〇〇三年四月にはエンジェル税制の改訂が行われました。アメリカにはエンジェル、日本語に訳すと篤志家《とくしか》がスタートアップの企業に対して投資します。そのエンジェルに対する税制の特典もいろいろあります。そこで日本も税制の特典を設けて、そのエンジェルをたくさん生もうというのが経済産業省の狙いです。

経済産業省では二〇〇一年に、大学発のベンチャーを三年間で一〇〇〇社つくる計画を打ち出しました。二〇〇二年八月時点で大学発ベンチャーは二五七社でしたが、二〇〇三年に入るとこの動きに勢いが出てきて、すでに五〇〇社以上になっています。二〇〇四年からは国立大学が独立法人化されます。公務員である国立大学の先生が、大学の先生を兼務しながらベンチャービジネスの役員も兼務できるという法律に変わりました。こうしたこともあって急速にこうした動きが出てきたのです。

既に皆さんご存知かもしれませんが、大阪大学の先生が立ち上げたアンジェスＭＧという会社があります。この会社は肝細胞の遺伝子治療薬の開発を行っていますが、二〇〇二年にマザーズに上場され、一株二二万円の初値を付けました。その後、一〇〇〇億円の時価総額までいきました。まだ赤字の会社です。また、熊本大学ではトランスジェニックという、マウスの遺伝子をいろいろ組み替え、その遺伝子の情報を新薬開発に役立たせるという会社が設立され、ここも赤字ですが、マザーズに公開されました。両社とも非常に人気を呼んでおり、いずれも大学の先生が取締役に入っています。こういった動きが出てきたのは今後の大学発ベンチャーにとってプラスの材料といえます。

技術創造力のポテンシャルは高い

ところで、既にモノづくりは中国に移り、日本のモノづくりは空洞化しているといわれていますが、日本の技術創造力はいまだに高いポテンシャルを持っていることも自覚する必要があります。

事実、ＩＭＤ（スイスのビジネススクール）のレポートでは日本は二〇〇〇年に科学技術総合ランクでは世界第二位となっています。また二〇〇二年版の科学技術白書では二〇〇一年の研究者数も世界で第二位、研究開発投資規模の対ＧＮＰ比では二〇〇〇年に日本は世界一位になっています。論文数シェアでも八一年から二〇〇〇年合計で世界二位、九九年の特許登録件数では世界一位になっています。

これを見てもわかるように、中国ではできないナノテクであるとかバイオとか、環境とか、単純なモノづくりではない生き方が日本に必ずあるはずです。それはどこにソースがあるかというと、大学であり、大企業の研究室です。こうした技術が日本の産業構造を変えていくシーズになるのではないでしょうか。ベンチャーキャピタルにとってもそうした技術が投資の対象になっています。こうしてみると、日本も悲観することはありません。日本の技術基盤は非常に高いポテンシャルがあるということに、ベンチャーキャピタルのわれわれも自信を持っています。

関心高まる大学発ベンチャー

図④は活発な大学のベンチャー設立をグラフにしたものです。日本における過去八年間の大学発のベンチャー企業数は五三一社が二〇〇三年三月までに設立されています。ちなみにアメリカ経済が低調だった一九七〇年代にはマイクロソフトの創業者であるビル・ゲイツはまだ大学生でした。この七〇年から八〇年代にかけて情報通信分野にアメリカの大学が非常に力を入れたのです。そうしたことがクリントンが一九九二年に大統領になってから花開き、ゴールデン・ナインティーズというアメリカの繁栄が、二〇〇

図④

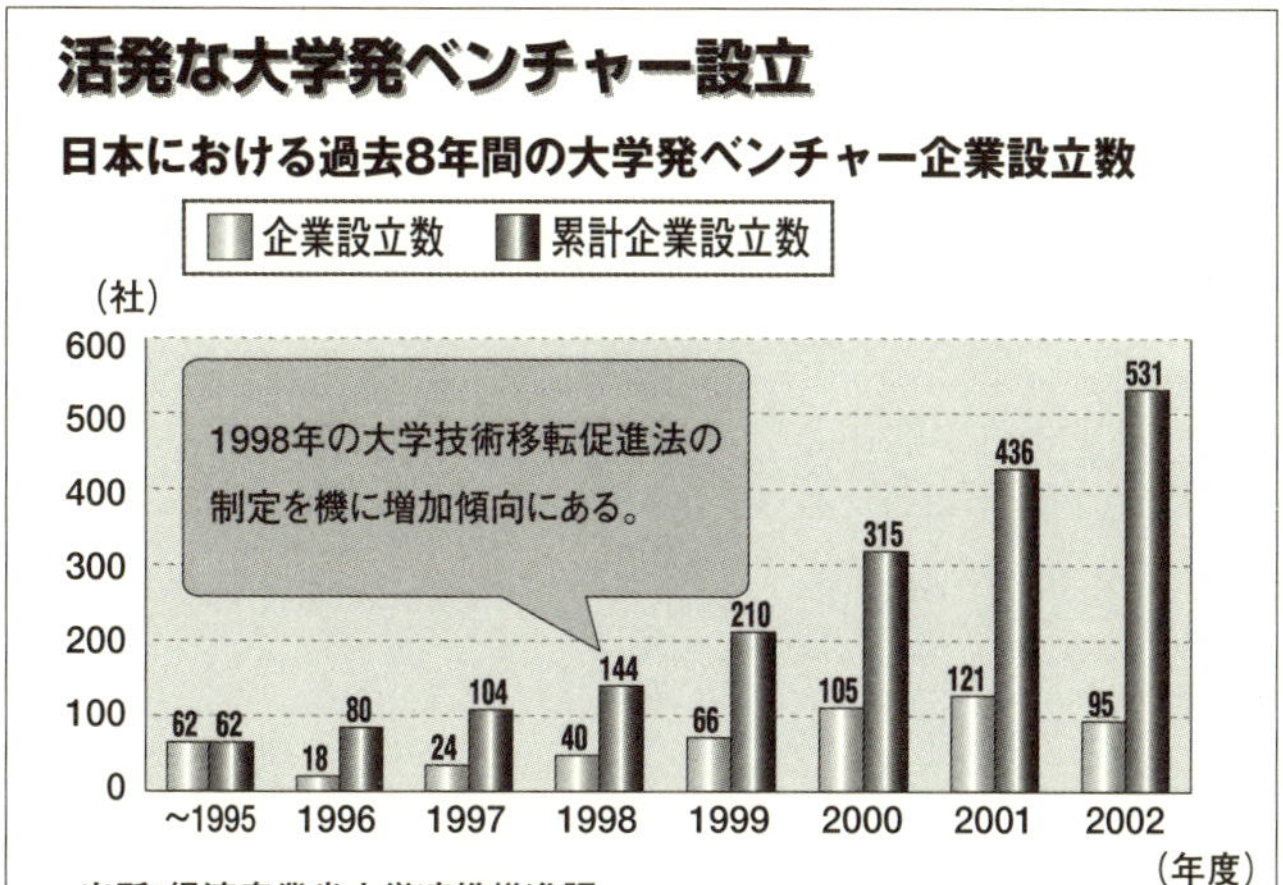

出所：経済産業省大学連携推進課
「平成14年度大学発ベンチャーに関する基礎調査結果について」より

〇年まで続くことになったのです。ＩＢＭが一九九〇年に一〇万人規模の人員を削減したことに象徴されるように、大企業が大リストラをやっている最中に、ニュービジネスがアメリカを救ったのです。

その兆候が一〇年遅れて日本に現れているともいえます。

こうした動きに対して、エヌ・アイ・エフベンチャーズでは各大学にそれぞれ投資部員を張り付けています。たとえば東京大学の新規産業推進室にはＮＩＦから一人、常駐しており、そのスタッフは研究室を回り、企業化、会社設立のお手伝いをしています。

ちなみに東京大学は助手以上のスタッフが四〇〇〇名いますが、今後三年間で五〇〇社ベンチャービジネスを出そうと計画しています。私立大学でも慶応大学とか早稲田大学、あるいは日本大学等が熱心に取り組んでいますが、地方大学にも非常に危機感が出てきています。少子化といった問題もあって、地方の大学も、こうした活動をしないと学生が集まらないという機運が出てきています。

ベンチャーキャピタル投資は米国の十分の一

図⑤は日本とアメリカのベンチャーキャピタル投資の比較をしたものです。これによると、二〇〇〇年のアメリカのベンチャーキャピタルの年間投資額は一〇五九億ドル、日本円にして実に一二〜一三兆円です。その後投資熱が冷えて、二〇〇二年には二一二億ドルに落ちていますが、それでも日本円で約二兆五〇〇〇億円を投資しています。ところが、日本はその間どうであったか。二〇〇一年に二八一四億円です。アメリカの四〇六億ドルはアメリカのGDPの〇・五三％、日本は約三〇〇〇億円として、GDPに

図⑤

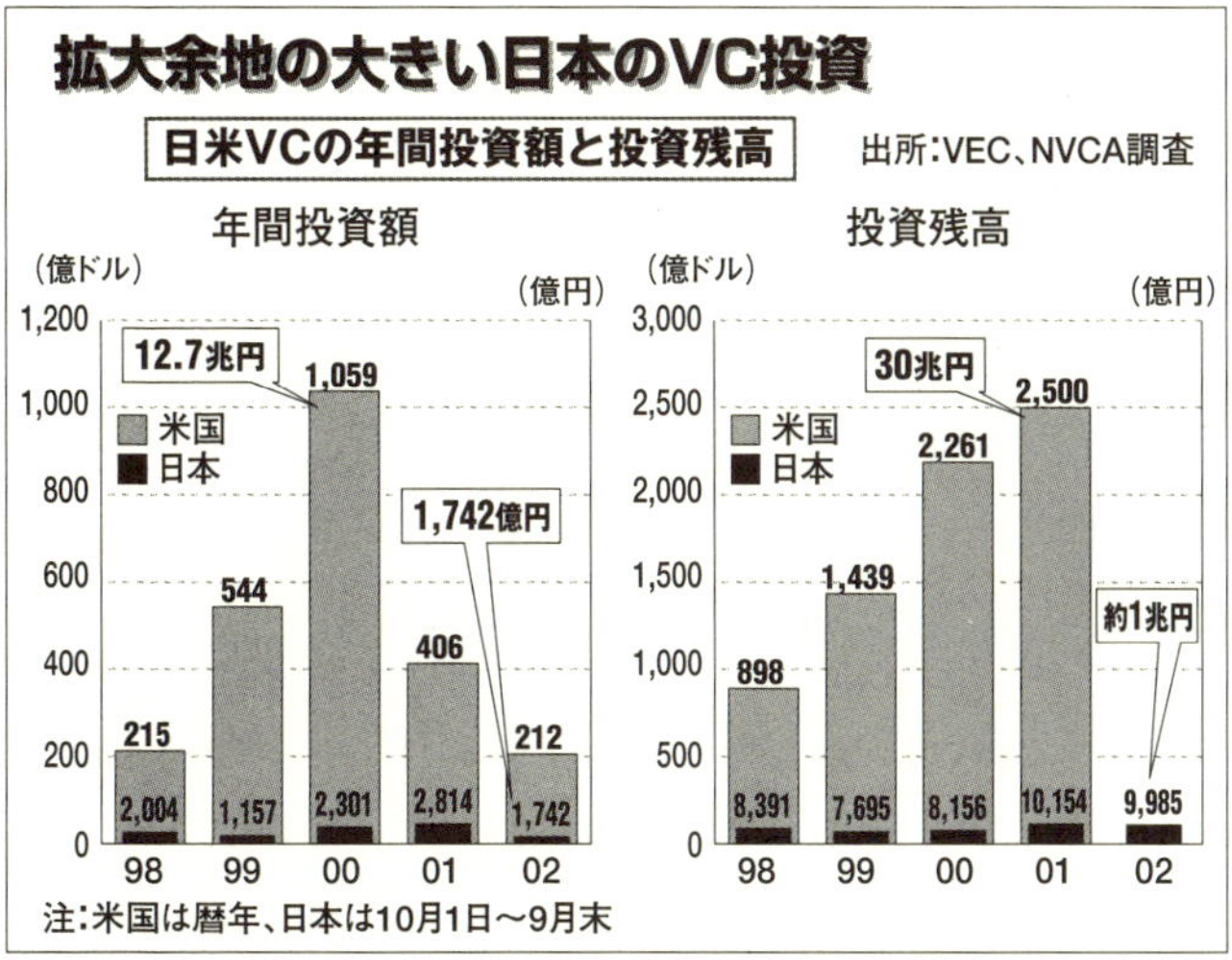

対して〇・〇六％、ＧＤＰに対する投資額で見ると、日本はアメリカの一〇分の一にしかすぎません。

投資残高で見ると、アメリカは二〇〇一年に二五〇〇億ドル、約三〇兆円の残高がありますが、日本はようやく一兆円に乗ったという状態です。実にアメリカの三〇分の一です。日本のＧＤＰは、アメリカのＧＤＰの二分の一ですので、少なくとも一五兆円になってもいいはずです。逆にいえば、日本のベンチャーキャピタル、ベンチャービジネスのポテンシャルは高いともいえるわけです。

図⑥は日米のＰＥファンドの出資構成を示したものです。ＰＥとはプライベー

図⑥

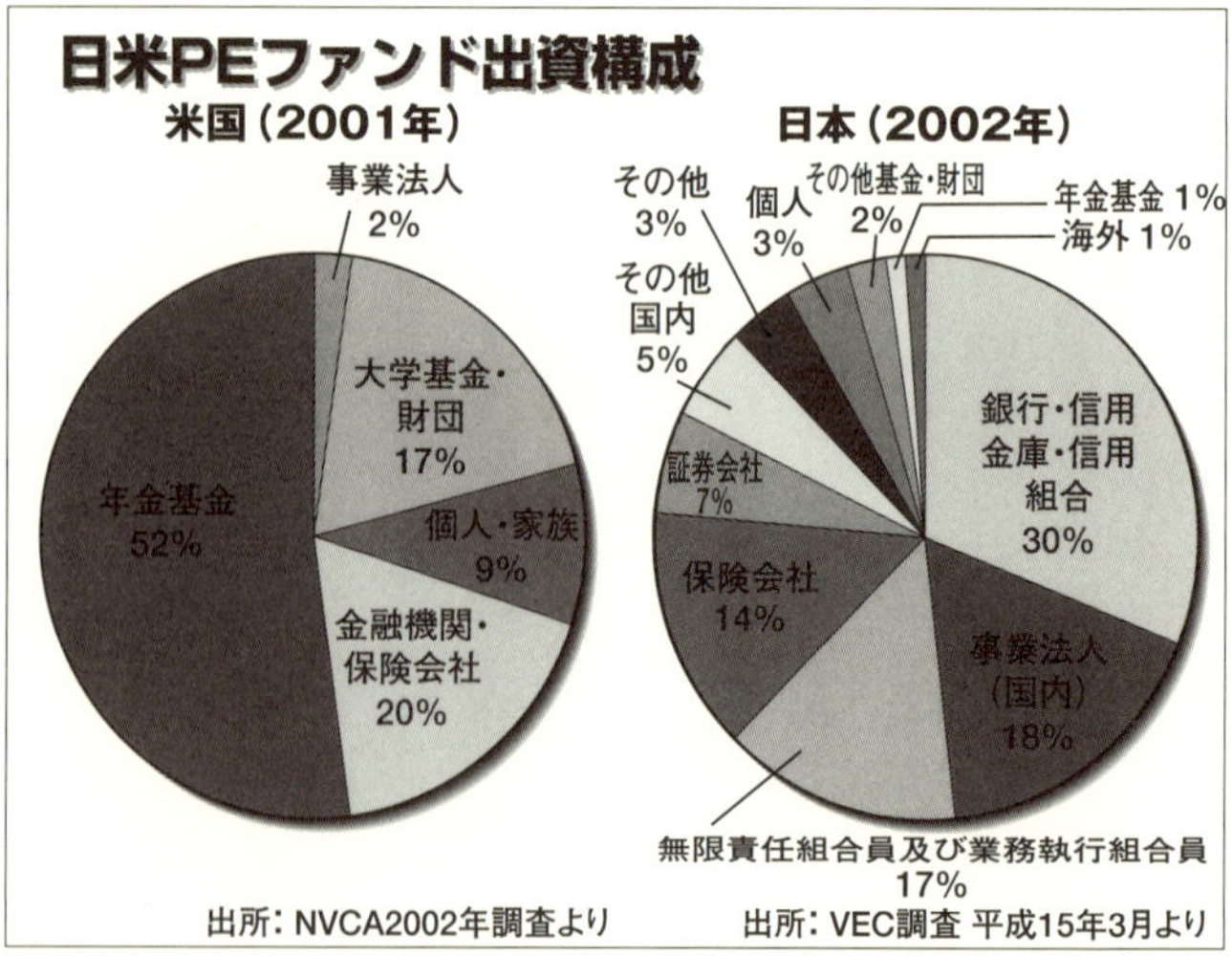

ト・エクイティのことです。これを見ますとアメリカは年金が五二％、大学の基金財団一七％、個人も九％出資しています。これに対して日本では年金は一％しかありません。大学の出資はゼロです。主に出資しているのは銀行などの金融機関、事業法人が中心です。ところが、いまや事業法人は業績が悪化しており、銀行も苦しい状況に陥っています。したがってどうしても日本のＰＥへの出資については、やっぱり大きな資金を運用している年金といったところが中心になってこなければいけないという構造上の問題があるといえます。

こうした中でも、ベンチャービジネスにも新しい動きが見えています。従来型ベンチャー企業というと、若いときに苦労をして、五〇歳、六〇歳になって株式を公開し、自分の息子にバトンタッチするという会社が多く見られました。したがって、ジャスダックという旧店頭市場といわれた市場がありますが、ここに株式を公開した経営者の学歴を見ますと、かつてはほとんどハイスクール以下が七〇％でした。

ところが、最近はこの従来型のベンチャー企業に加えて、先ほどもふれたように産学連携やコーポレット・スピンオフ——たとえばＮＥＣとか日立だとか東芝といった企業を辞めて会社を設立する人が非常に増えてきたのです。また経済産業省では全国に一九カ所のいわゆる産業クラスター、知的クラスターをつくって、支援をするということも始めています。

期待される日本の新規公開企業

このように、従来型のベンチャー企業から、大学発があり、スピンアウトあり、政府が行っているクラスターありということで、こうした四つの領域が相互に重なり合って新しい流れになってきているのも最近の特徴です。

ベンチャー環境の変化についていうと、皆さんご記憶にあるかどうかは知りませんけど、一九九九年から二〇〇〇年ごろ東京の渋谷にビットバレーができて、Gパン姿の若いアントレプレナーによるITベンチャーブームがもてはやされました。ドットコム現象ともいわれ、夢のようなビジネスモデルに対して投資家が集まったものです。ところが、世界的なITバブルの崩壊でこれは見事に壊滅しました。そして、二〇〇一年、二〇〇二年から本当に利益が上がるビジネス計画なのか、本当に収益が上がるのか、バーチャルではなくてリアルなのか。若いアントレプレナーだけではなく、ベテランの会計士などが経営陣を支えているかというポイントを投資家も見るようになりました。

図⑦は日本の新規株式公開状況をグラフにしたものです。日本ではベンチャー企業の登竜門というと旧店頭市場、現在のジャスダックという一つの市場しかありませんでしたが、今では東証マザーズと大証ヘラクレスもあります。その三市場合計でベンチャー企業の株式公開社数は二〇〇〇年に一五七社、二〇〇一年に一四七社、二〇〇二年は一〇〇社でした。

これに対してアメリカのナスダック市場の企業数は二〇〇〇年に五五〇〇社もありました。それがいまは三五〇〇社になっています。そのナスダックには毎年五〇〇社ぐらいが上場していたのですが昨年二〇〇二年はたったの三七社です。そういう意味では日本は現在、世界一の数の新規上場会社を輩出しているといえます。日本は「失われた一〇年」といわれていますが、このベンチャー企業の公開については健闘しているといえます。

二〇〇三年は、すでに三月末で二九社が公開しています。

日本のベンチャー市場は三市場合わせて一〇〇〇社を超えています。これは公開基準の緩和、赤字でも公開できるといったようにハードルが低くなったということも公開企業が増えてきている理由ですが、日本経済の再生の道はこうしたベンチャー企業が握っているともいえるのです。

図⑦

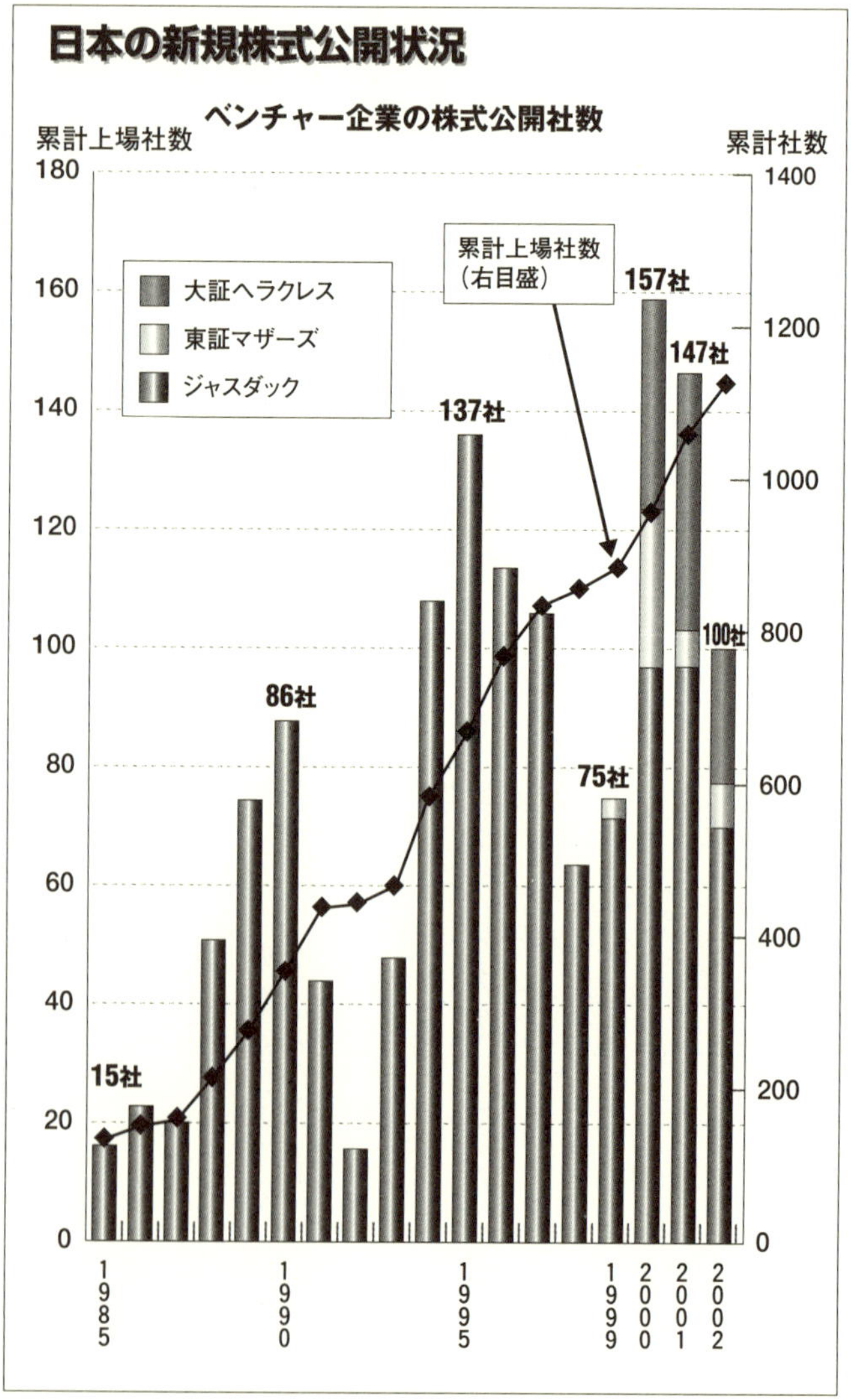
日本の新規株式公開状況
ベンチャー企業の株式公開社数
累計上場社数
累計社数
180
160
140
120
100
80
60
40
20
0
1400
1200
1000
800
600
400
200
0
大証ヘラクレス
東証マザーズ
ジャスダック
累計上場社数
（右目盛）
15社
86社
137社
75社
157社
147社
100社
1985
1990
1995
1999
2000
2001
2002

Episode 2

Ⅱ 米国におけるベンチャーキャピタルとベンチャービジネスの歴史

イザベラ女王がベンチャーキャピタルの起源

人類史におけるベンチャーキャピタル（ＶＣ）の起源は、一五世紀、コロンブスの新大陸到達につながった大西洋横断によるインドへの航海計画を援助したスペイン女王イザベラにその原型が見られるといわれています。その後、米国では一九世紀に鉄道や紡績工場など起業家による資金調達が活発に行われました。大陸横断鉄道の開通に功績があり鉄道王の一人と称せられたリーランド・スタンフォードの遺志によりスタンフォード大学が開校したのは一八九一年のことです。そのスタンフォード大学からヒューレット・パッカード社が生まれたことに歴史の因縁を感じずにはいられません。

ヒューレット・パッカード社は、スタンフォード大学のクラスメートだったビル・ヒューレットとデーブ・パッカードが一九三九年に設立、後のシリコンバレーの中心地となるパロアルトの自宅ガレージで音響技術者向けの電子計測器を試作したのが始まりです。物置小屋から世界企業が誕生する、まさにハイテク・スタートアップの原型となりました。彼らの起業には、当時スタンフォード大学の電気工学部長だったフレデリック・ターマン教授の勧めと援助があり、今でいう大学発ベンチャーに近い要素もありました。

現代的な意味でのベンチャーキャピタルは、第二次世界大戦後の米国で出現しました。米国初のベンチャーキャピタルは、一九四六年にボストンで設立されたアメリカン・リサーチ&デベロップメント社（ARD）で、一九五七年に設立されたデジタル・イクイップメント社（DEC）への投資は大きな成功を収め、東海岸のハイテク産業集積地帯であるルート一二八発展の契機をつくりました。ARDを創業したのは、フランス生まれの軍人で、ハーバード・ビジネス・スクールで教鞭をとっていたジョージ・ドリオで、今も「ベンチャーキャピタルの父」といわれています。

アーサー・ロックの活躍

一方、西海岸の草分け的なベンチャーキャピタリストとしては、アーサー・ロックの活躍があげられます。アーサー・ロックはニューヨークのインベストメント・バンカーでしたが、カリフォルニアへの出張で、ショックリー半導体研究所からのスピンアウトを画策するロバート・ノイスらと出会い、創業資金の調達に尽力しました。そして、一九五七年に設立されたフェアチャイルド・セミコンダクター社は、後にインテル社など多数の半導体関連ベンチャーを生み出すなど、シリコンバレー発展の契機となりました。アーサー・ロックは、西海岸に拠点を移し、インテル、アップルなどにも投資して、シリコンバレーを代表するベンチャーキャピタリストとなります。

一九五〇年代半ば、ソ連との冷戦のため先端技術の開発促進を迫られた米国政府は、イノベーションをもたらす起業家的なビジネスによる資金調達の不足を認識、五八年に中小企業投資法を制定しました。その一環として、スモール・ビジネス・インベストメント・カンパニー（ＳＢＩＣ）と呼ばれる政府認可ＶＣの制度を設けました。現在も続くその制度は、ＳＢＩＣとして認可を受けたベンチャーキャピタリストが、民間の投資家からある金額の資金を集めると、米国政府がその二倍の金額を低利融資の形でマッチングするというものです。民間の投資家にとっては三倍のレバレッジがきく仕組みであり、その後三年間で六〇〇社のＳＢＩＣが設立されました。同時期に政府の関与をよしとしない、純民間のベンチャーキャピタルも増加しました。

一九六〇年代のベンチャー・ブーム

一九六〇年代にはいると軍や航空宇宙産業からの旺盛なエレクトロニクス需要を背景に米国初のベンチャー・ブームが起きました。ＩＰＯ市場も活況となり、六八年のＤＥＣの株式公開など、初期のベンチャーキャピタルの投資が実を結びます。しかし、七〇年代は、ベトナム戦争による財政悪化を背景とする六九年のキャピタルゲイン課税強化（二九％→四九％）、七三年の第一次オイルショックなどがあり、米国経済は長期不況に入り、株式市場も低迷しました。この時期、六〇〇社あったＳＢＩＣは三〇〇社に淘汰されたといいます。

その間、七四年に従業員退職所得保証（ＥＲＩＳＡ）法が制定され、七八年の改正を通じて、年金基金の分散投資が奨励されるとともに運用受託者責任が強化されました。これによって、年金基金がベンチャーキャピタルに出資しやすくなり、それまで富裕な個人投資家が中心となっていたベンチャーキャピタルの出資者に占める機関投資家の比重が高まっていきます。また、キャピタルゲイン税率も七八年に四九%から二八%に引き下げられました。

また、七三年には、全米ベンチャーキャピタル協会（NVCA）が設立されました。NVCAは現在、約四八〇社の会員がいて、ベンチャーキャピタルやベンチャービジネスに影響を与える法制や政策に関する議会へのロビイング、業界統計の調査発表、広報・教育活動、ベンチャーキャピタリストによる慈善活動のとりまとめなどを行っています。キャピタルゲイン課税はもちろん、コーポレート・ガバナンスやディスクロージャーのルール、ハイテク技術者の移民枠拡大などについて、大きな発言力を持っています。

一九八〇年代のブームをリードした者

一九七〇年代の低迷期に設立されたフェデラル・エクスプレス社、マイクロソフト社、ジェネンテック社、アップル・コンピュータ社などが、七〇年代後半から八〇年代前半にかけて株式公開に成功して、八〇年代のブームを牽引していきます。八〇年には六億ドルにすぎなかったベンチャーキャピタルの投資総額は、八九年には三四億ドルに達しました。この時期に投資を受けて株式公開を果たした代表的なベンチャーとしては、サン・マイクロシステムズ社、コンパック・コンピュータ社、デル・コンピュータ社などがあります。この時期は、各種の規制緩和もベンチャーにとって追い風となり、MBOなどプライベート・エクイティのビジネスも拡大しました。

しかし、一九八七年一一月のブラックマンデーから株式市場は低迷、八八年から九一年にかけてベンチャーキャピタルの投資総額も減少を続け、九一年には二三億ドルと八二年以来の低水準となりました。半導体や記憶装置などが需給の悪化や日本企業との競争に苦しむ一方で、ソフトウェアやネットワーキングは比較的順調に成長していきます。九〇年には、インターネット以後のIT業界を牽引してきたシスコ・システムズ社が株式公開しています。

その後、九三年にはインターネットの商用化が開始され、ヤフー、アマゾン、イーベイなど新しいタイプのベンチャーが出現、米国経済が「ニューエコノミー」に沸いたのは記憶に新しいところです。これまでの歴史から、近年のＩＴバブルとその崩壊の例を待たず、ベンチャーキャピタルがブームとその急激な調整を繰り返す「ブーム・アンド・バスト」のビジネスであることがわかります。そして、低迷期に設立されたベンチャーが次のブームの火付け役になるパターンがあることも注目に値します。

米国ベンチャーキャピタルとＩＰＯ市場の現状

ＮＶＣＡが今年に入って発表した米国のベンチャーキャピタル業界の統計によれば、二〇〇二年の投資総額は二一二億ドルでした。これは、ピークを記録した二〇〇〇年一〇四九億ドルの約二〇％にすぎず、バブル前の一九九八年二一六億ドルと同水準です。二〇〇二年のファンド募集総額のほうも、六八億ドルと、ピークを記録した二〇〇〇年一〇六九億ドルの約六％、一九九一年二〇億ドル以来の低水準となっています。一方で、二〇〇二年九月末時点で約八〇〇億ドルの資金が滞留しているといわれています。

二〇〇二年のＶＣ投資先のＩＰＯ（株式公開）社数は三七社にすぎず、一九九六年の二六八社、九九年の二三三社と比べると、その低迷ぶりが明らかです。二〇〇三年第１四半期はさらに落ち込んで一社、IPO市場全体でも三社と、一八年来の低水準となりました。一方、二〇〇二年のVC投資先のM&A社数は三〇〇社で、社数としてはバブル期とほぼ同水準ですが、一社当たりの買収価格は二〇〇〇年二億一九〇〇万ドルから二〇〇二年二四〇〇万ドルに激減しています。

上記の統計からわかるように、二〇〇二年は二〇〇〇年をピークとするバブルの崩壊後の調整がさらに加速した年であり、二〇〇三年の第1四半期を過ぎた現時点では反転を示すような統計はまだありません。VC投資の出口となるIPO市場はほとんど閉ざされている状態で、M&Aは活発ですが買収価格が急落しているため、投資元本を回収するのが精一杯という場合も少なくありません。短期的にはベンチャーキャピタリストがハイリターン実現のシナリオを描きにくい状況といえます。

一九九九年から二〇〇〇年にかけて設立されたファンドが特に大きなダメージを受けていて、この時期にエンジェル投資家を中心に資金を集めて一号ファンドを立ち上げたVCの多くは、二号ファンドを募集できずにいます。既存投資先のなかに有望ベンチャーが残っていても、資金に余裕がなくてファイナンスに参加できなければ、株式持分の希薄化や優先権の剥奪といったペナルティが科され、さらに投資回収のめどが立たなくなってしまいます。一方、歴史と実績、知名度があるＶＣの多くは、バブル期に一〇億ドルを超えるようなファンドを設定しており、バブル後の投資環境に適応できなくなっているため、ファンド規模の縮小（投資家からのコミットメントの返上）や投資チームのリストラといった対策をとっています。

投資金額は、まだ減少傾向に歯止めがかかっていませんが、各ＶＣが既存投資先の選別処理と継続支援を進めており、他のＶＣにとっては好条件での新規投資につながっています。お互いに相手の良質な投資先を安値で買い叩いている構図といえます。スタートアップへの初回投資も皆無ではなく、二〇〇二年は四三億ドルで全体の二〇％を占めています。

このような厳しい市場環境の中ですから、ディールが成立する際の技術や事業計画の質はもちろん起業家やＶＣの覚悟も相当なものでしょう。いまを生き抜いていくベンチャーやこれから生まれてくるスタートアップから数年後に大成功企業が出てくるのは間違いないと考えられます。今でも投資しているか、将来にわたって計画的に投資していけるか、ＶＣも体力勝負であり、継続力が問われているといえます。

米国VC・VB関連年表

年数	
1939	ヒューレット・パッカード設立、ハイテク・スタートアップの原型
1946	米国初のVC、ARD設立（ボストン）
1956	ショックリー半導体研究所設立
1957	DEC設立、ARDが投資（1968年IPO）、ボストンのルート128発展の契機となる
1957	フェアチャイルド・セミコンダクター設立、アーサー・ロックが投資、シリコンバレー発展の契機となる
1958	中小企業投資法制定、その後3年間で600社のSBIC（政府認可VC）が誕生
1968	インテル設立、アーサー・ロックが投資（1971年IPO）
1969	キャピタルゲイン課税強化（29%→49%）
1971	NASDAQ開設
1972	（日本初のVC、京都エンタープライズデベロップメント設立）
1973	フェデラル・エクスプレス設立、ARDが投資（1978年IPO）
1974	全米ベンチャーキャピタル協会（NVCA）設立
1974	従業員退職所得保証（ERISA）法制定（1978年改正）、年金基金の分散投資奨励および運用受託者責任強化
1975	マイクロソフト設立（1986年IPO）
1976	ジェネンテック設立、KPCBが投資（1981年IPO）
1977	アップル・コンピュータ設立、アーサー・ロック、ベン・ロック、セコイアが投資（1981年IPO）
1978	キャピタルゲイン税率引き下げ（49%→28%）
1978	証券取引委員会（SEC）公開企業の登録事務手続きおよび報告義務の簡略化、NASDAQ銘柄適格基準の引き下げ
1980	中小企業投資促進法制定、リミテッド・パートナーシップの報酬規制の適用除外明文化
1981	キャピタルゲイン税率引き下げ（28%→20%）
1981	米国VC投資額10億ドル超える
1982	サン・マイクロシステムズ設立、USVP、KPCBが投資（1986年IPO）
1982	コンパック・コンピュータ設立、セビン・ローゼン、KPCBが投資（1983年IPO）
1982	中小企業技術革新研究法（SBIR）制定
1982	（日本初の投資事業組合組成）
1984	シスコ・システムズ設立、セコイアが投資（1990年IPO）
1984	デル・コンピュータ設立（1988年IPO）
1987	11月ブラックマンデー
1992	中小企業技術移転（STTR）法制定
1993	インターネット商用化
1994	ヤフー設立、セコイアが投資（1996年IPO）
1994	アマゾン・ドット・コム設立、KPCBが投資（1997年IPO）
1995	イーベイ設立（1998年IPO）
1996	米国VC投資額100億ドル超える
2000	米国VC投資額1,000億ドル超える
2001	9月同時多発テロ
2002	米国VC投資額212億ドルに減少、1998年と同水準に

米国VC・VB関連年表

年数	
1891	スタンフォード大学開校
1959	キルビー特許成立
1959	プレーナー特許成立
1960	60年代は第一次ブーム
1962	ウォルマート開店（アーカンソー州）
1969	AT&Tベル研究所でUNIX開発始まる
1970	70年代は停滞、リミテッド・パートナーシップの普及、不況による経営関与、投資契約の改善
1972	KPCB設立
1979	3COM社設立
1980	80年代は成長期、プライベート・エクイティも発展
1990	90年代は停滞期をへて「ニューエコノミー」を謳歌
1997	オラクル社設立、ドン・ルーカスが投資 ネットスケープ トランジスタ→IC→パソコン→インターネット→IT　セレーラ
1998	（日本版SBIR、新規事業創出促進法制定）

第2章

成功するベンチャー、失敗するベンチャー

Episode 1

イワシが鯨を呑む

大変革期はベンチャーの時代

「銀行・不倒神話」の崩壊に象徴されるように、時代はまさに「大変革期」を迎えています。

戦後の灰燼の中から、日本経済が世界ナンバーワンの債権国、「経済大国」にのし上がったのは、いわゆる重厚長大産業が牽引車となったことはいうまでもありません。

しかし、「日本株式会社」を牽引してきた大企業群は、時代の変革期を迎えて、苦しみもがいています。次項で詳しくふれるように、日本経済のスクラップ・アンド・ビルドの中で構造改革を余儀なくされているのです。

では、次代を担う「主役」は何なのでしょうか？　まさに、「ベンチャー企業」スモールビジネスを興そうという「起業家」たちです。

先例があります。一九六〇年代の米国経済がそれです。

六〇年代の米国経済の主役たちは、たとえばＩＢＭ、クライスラー、ＧＭなど、「重厚長大産業」の雄たち。連日の株高に市井の人々も舞い上がり、企業も家計もバランスシートを膨張させ続けました。米国の「ゴールデン・60'」といわれる時代ですが、日本におけるバブル経済と同様の「熱狂の時代」でした。

しかし、その後ベトナム戦争の影響もあり、米国経済は衰退し、八〇年代後半にはＳ＆Ｌを中心とした不良債権問題が浮上し、消費が冷え込むと、大企業も変調をきたし、なりふり構わぬリストラで生き残りをはからざるを得ませんでした。

そして、九〇年代。米国経済は見事に復活を遂げ、終わりなき経済成長を遂げようとする「ニュー・エコノミー」がもてはやされたのは周知のとおりです。

九〇年代に米国経済が大復活を遂げた「推進力」、それはＩＢＭやクライスラーといった伝統ある「重厚長大産業」ではなく、マイクロソフト、ヤフー、ネットスケープなどといった「学生ベンチャー」から出発したＩＴ産業の旗手たちでした。七〇年代には、形もなにもなかった「新興企業群」が米国経済の救世主となったものです。

ところで、ベンチャー企業は、大企業に比べればまさに「イワシと鯨」。平時であればイワシは鯨の相手にもなりません。中小企業が大企業に立ち向かって勝機を得る可能性は低く、むしろ大企業のバッファー役に甘んじなければならないというのがほとんどでした。

しかしいま、わが国の伝統的産業＝鯨たちは、リストラで身の丈を縮めるなど、明らかに弱り始めています。かつてのように悠然と泳いでいられなくなりました。既に何頭かの鯨は倒れてもいます。

こうした「大変革期」だからこそ、ベンチャー＝イワシが大海原を自由に泳ぎまわり、世に出ることができる最大のチャンスがあるのです。

経済特区、産業クラスター構想、大学発ベンチャー構想、あるいは税制面からのサポートなど、官庁も従来の垣根を越えて、これまで見られなかった中小企業振興策、ベンチャー育成策を打ち出し、ようやく国も真剣にベンチャー育成に本腰を入れつつあります。

大企業の限界が露わになったいまこそベンチャー企業が立ち上がり、日本経済を活性化し、新たな牽引力にならなければなりません。そうでなければ、日本経済に明日はありません。

ベンチャー企業＝イワシたちこそが、明日の日本の主役。いわば、イワシが鯨を呑むことができる大チャンスが到来したのです。

鯨を呑み込んだイワシたち

イワシが鯨を呑み込むなんて、と思われる向きがあるかもしれません。しかし、最初は「個人商店」規模でスタートした企業が、伝統的産業を文字どおり呑み込み、一国を代表するビッグ・ビジネスを形成した例は世に数多くあります。

たとえば、米国の伝説的な経営者・ハワード・ヒューズ。祖父から受け継いだ石油関連機器事業から身を起こし、買収に次ぐ買収で、ついには航空会社や衛星ビジネスなど、果てしないスケールで、広範な事業に成功したハワード・ヒューズは、アメリカで今世紀最大といわれる伝説の大富豪としても有名です。

彼が残した資産は、一九七六年に彼が死んでから次々と売却されることになりましたが、最後の資産が売却されるまでには、死後二〇年もかかったといわれるほどです。また、マフィアが財源を出資していたラスベガスのカジノホテルを次々と買収、いわば街ごと買い取ってマフィアを追放したのもハワード・ヒューズとされています。

最初は片田舎の石油機器の商店から、やがて衛星ビジネスで世界を席巻する経営者が生まれるなど、誰が思い描いていたでしょうか。短期間に夢を実現したビル・ゲイツもしかりです。

日本にも、ソニー、本田技研工業、松下電器産業など、戦後の「町工場」から出発して、日本を代表する企業に成長した例は事欠きません。しかし、当時、誰がこれらの企業の現在を予想していたでしょうか。

たとえばソニー。東京・愛宕の町工場「東京通信工業」がその前身ですが、家内制手工業同然にトランジスタ・ラジオを開発、組み立てていたのが同社の源流であることは周知のとおりです。

ソニーのライバル・松下も同様です。病弱だった松下幸之助の枕元で、従業員はもちろん、一家総出で電球を箱詰めしていたのが今日の松下の出発点でした。

そしてホンダ。ホンダのバイクの原型は、自転車にエンジンを積み込んだも同然のもの。それが、二輪車から四輪車へと規模を拡大し、自動車レースの最高峰Ｆ１で覇権を収めるまでになろうとは、誰が予知していたでしょうか。

ソニー、ホンダ、松下は、いまや日本を代表するビッグ・カンパニーであることはいうまでもありませんが、しかし、彼らが世に産声を上げたときは、小さな「ベンチャー企業」にすぎませんでした。電機業界の中では、東京通信工業のはるか彼方に、日立や東芝など、伝統的な大企業が聳え立っていました。それがどうして、一国を代表する大企業になり得たのか。その背景には類まれなる経営者に恵まれたということに加えて、終戦―敗戦という「大変革」が契機となったのではないでしょうか。

「経済敗戦」などという言葉がマスコミで踊っていますが、たしかに戦後一貫してたどってきた高度成長波動のタガがはずれてしまった今日は、敗戦に匹敵するほどのダメージがあるのかもしれません。しかし、だからこそ第二のソニー、第二のホンダが産声を上げられる最高のチャンスともいえるのです。

最初はニッチ

ソニー、ホンダ、松下に代表される戦後の日本を牽引してきたかつてのベンチャー企業群といえども、手弁当の家内制手工業からスタートし、いまや世界市場における「主役」

に成長してきたのです。まさにイワシが鯨を呑んだ格好の事例です。

米国留学後、日本のＩＴ時代の到来を予見してソフトバンクを設立し、文字どおり日本のＩＴ革命の旗手として活躍、いまもインターネットビジネスの支援事業に力を入れている孫正義氏は新たな時代の象徴的な存在といえます。

また、業界一位、世界トップに駆け上がった企業といえども、スタート時においては小さなニッチ企業で、市場を大きく育て上げながら成功したベンチャー企業の事例も少なくありません。

たとえば、セコム。旧社名である日本警備保障が誕生したのは昭和三〇年代ですが、当時は「安全と水と空気はタダ」という風潮が強く、「会社を警備するなら宿直の社員がいる」「ガードマンなんて、日本で定着するわけがない」などと、セコムが警備ビジネスに乗り出したときの評判は散々だったのです。それがいまや企業はおろか個人にも普及しているのは周知のとおりです。同社の創業者・飯田亮氏の時代を読む目が正しかったというのは結果論で、スタート当初はセキュリティ・ビジネスが一大産業になるとは、誰も予想さえしていませんでした。ニッチというイワシを大きな鯨に育て上げたお手本です。

また、「一〇〇円ショップ」をすっかり世の中に定着させたダイソー（大創産業）も同じく、最初はニッチでした。

ダイソー創業者の矢野博丈氏はまさに波瀾万丈のベンチャー人生、奥さんとリヤカーを引きながら「一律一〇〇円」で行商していたのが、ダイソーの原型です。それがいまや年商二〇〇〇億円。「一〇〇円商売」というニッチな商売がここまで巨大なビジネスになるとは、誰も想像していなかったでしょう。

また、明治大学を卒業後、長田電気工業を経て山水電気に入り、米国現地法人副社長などを経て五〇代で独立系レコード会社エイベックスを設立し、一九九八年に店頭市場に公開、一九九九年には東京証券取引所一部上場を果たした依田巽氏はいまでは日本レコード協会の会長として業界を代表する存在になっています。

若手にも将来鯨を呑む可能性を秘めた起業家はたくさんいます。

たとえば、ジー・モードの宮路武社長もその一人です。中学・高校時代からパソコンショップに通い詰め、一九八五年に実兄とゲームアーツを設立。二〇〇〇年には世界初のJava専用ネットワークゲーム・コンテンツ・プロバイダーであるジー・モードの設立にともなって副社長に就任、二〇〇一年に社長に就任して翌二〇〇二年一〇月にはジャスダック市場に上場を果たしています。今後は海外市場へ積極的な展開を計画しており、世界のジー・モードへの飛躍を目指しています。

ベンチャーキャピタルはこうした企業の成長性、将来性にこそ注目します。それがニッチな市場であっても、あるいはまだ市場がまったくできあがっていなくとも、銀鱗まぶしく活きのよいイワシであれば、投資することに躊躇しません。

鯨が弱っていたとしても、自ら海路を切り開いて自由に泳ぎまわるイワシでなければ、生存競争には勝ち得ません。時代の大変革期という時を得て、小さくとも力強く泳ぐイワシだけが成功を勝ち取ることができるのです。

これからベンチャー企業を興そうと志す方はまず得意分野でどのような事業を興すのかを明確にし、それが実現可能かどうか、そのビジネスモデルの計画を立て、市場調査を行い、これはいけるとなったら、ベンチャーキャピタルにプレゼンテーションしてください。ベンチャーキャピタルは適切なアドバイスをしてくれるはずです。

いま、中国などに世界の生産拠点が移っています。しかし、日本には中国にできないことがまだたくさんあります。ナノテク、バイオなどはこれからの日本産業の有力な分野ですし、ＩＴ関連でもセキュリティ、コンテンツなど日本に期待される分野は少なくありません。

産業構造の大転換期を迎えて、大企業からスピンアウトして新たな事業を興そうという人も増えています。また、後ほど詳しくふれますが、大学発ベンチャー創業に対する気運も盛り上がっています。ＮＩＦベンチャーズでも東京大学の新規産業推進室に常駐者を置いて将来、鯨を呑むようなイワシを育てるお手伝いをしています。

時代はまさにベンチャーが暴れ回れる格好の舞台を用意してくれているのです。

Episode 2

スクラップ・アンド・ビルド

過去の清算

今日の日本経済は大胆なスクラップ&ビルドを必要としています。「スクラップ」というのは要するに過去の清算のことです。まずは不良債権の処理、もう一つは産業構造の転換です。戦後の成功体験の中で、企業や産業界全体についてしまった贅肉を削ぎ落とさなければならないということです。

戦後の日本経済を牽引したのは造船や鉄鋼といった重厚長大型産業です。膨大な額の公共投資を背景に建設業なども大きく伸びましたが、こうした業種は今や一転して構造不況に陥っています。一刻も早く国の産業構造を転換しなければなりません。

個別企業でいうと、日本にはキヤノンや日本光学、コニカなど有力なカメラメーカーがいくつもありますが、その中でキヤノンはさほど目立つ存在ではありませんでした。しかしある時期、主力商品をＯＡ（オフィス・オートメーション）機器に切り替えた結果、世界的なＯＡ機器メーカーに変身しました。今やキヤノンを単なるカメラメーカーと思っている人はいないでしょう。

ものの見事に過去を清算して構造転換をはかったキヤノンは、世界的な会社になったのです。

日本では長く高度成長が続いたために、企業は既存の事業スタイルを変えなくても十分にやってこれました。多くの大企業は時代の流れが変わっても過去の事業、過去のやり方を変えようとしませんでした。彼らは構造転換を怠った結果、苦しんでいるのです。

今こそ日本は、不良債権処理や産業構造の転換――すなわちスクラップをして出直さなくてはならないわけです。

アメリカの黄金の九〇年代

一方、スクラップするだけでは日本は活性化できませんので、「ビルド」の部分も必要です。つまりニュービジネスを輩出しなければいけないということです。過去の清算の上に、たくさんのニュービジネスが出てこなければ日本は再生しません。その意味で、過去の清算と未来への挑戦の両方が大事なのです。

お手本になるのはアメリカです。

一時アメリカは世界の工場といわれるくらいの製造業王国でした。ゴールデン・シックスティーズ（黄金の六〇年代）といわれた一九六〇年代は、何をやっても日本はアメリカにかなわないという時代でした。

ところが一九六五年から一〇年間続いたベトナム戦争の間に状況は一変し、アメリカ経済は完全にダウンしてしまいました。ＩＢＭやＵＳスチールが行き詰まり、自動車のビッグ3といわれたフォードやＧＭ、クライスラーも日本車との競争に敗れ、要するに世界の名だたる大会社が全部行き詰まってしまいました。そしてレイオフの嵐が吹き荒れたのが一九八〇年代後半。これがすなわち「スクラップ」の時期です。

しかし、情報通信という世界を中心に、インテルとかマイクロソフト、ヤフーという新しいビジネスモデルを持った新興企業群が登場し、どんどん伸びてきました。これが「ビルド」です。

その間にスクラップの過程が終わり、ＧＭもクライスラーもＩＢＭも立ち直りました。そしてアメリカにゴールデン・ナインティーズ（黄金の九〇年代）がやって来るわけです。アメリカはこのスクラップ＆ビルドを典型的かつ見事にやってのけました。古いものを整理してまた息を吹き返したのです。もちろんそれは的確な政策の後押しがあってはじめて可能になりました。

日本は今ちょうど、アメリカでいえばゴールデン・ナインティーズを前にしたスクラップ＆ビルドの時期にさしかかっています。しかし「的確な政策の後押し」という面では、アメリカの先例をうまく取り入れているとはとてもいえません。

たとえばこうした転換期には、税制などの面で、サプライズ（驚き）のある大胆な政策転換をしなければいけません。しかし、バブル崩壊後の日本は、政策転換をはかってはいますが、それが全部中途半端でサプライズがありません。

活性化した韓国と台湾

アメリカのモデルを真似たのが、一九九七年のＩＭＦ危機以降の韓国です。このとき韓国という国は事実上倒産状態に陥りました。そういう状況でしたから、ＩＭＦが入って融資したときにＩＭＦの提言をすべて取り入れたわけです。財閥や大企業を清算し、銀行も清算し、その一方でニュービジネスをつくろうという動きになりました。

もともと韓国は非常に保守的な国で、現代（ヒュンダイ）などの大企業が韓国経済を支配していました。ところがＩＭＦ危機で従来の大企業が全部整理され、代わりにニュービジネスが立ち上がってきたのです。ニュービジネスの拠点は政府直轄市の大田（デジュン）市ですが、そこに優秀な人たちが集まりました。

韓国政府はそこでさまざまな優遇制度を打ち出しました。たとえば、韓国では健康な若者は必ず二年間兵役に就かなければいけないのですが、優秀な者には兵役免除の特典を与えました。あるいは、会社を立ち上げてから五年間は法人税を軽減したり、インキュベーション施設を国が提供してタダ同然の家賃で入居させるといったことです。

韓国より前に台湾も同じやり方で成功しています。台北近郊に新竹（シンチク）工業団地というベンチャーの拠点をつくり、アメリカなどから台湾出身の優秀な若者を呼び戻すためにあらゆるサプライズな優遇策をとりました。実際、アメリカで働いていた若者が続々と台湾に帰ってきたのです。

韓国や台湾はそういう大胆なベンチャー優遇制度をとることで国内経済を活性化させました。しかし日本は、まだそこまでは踏み切れないのが実情です。たとえば創業から間もないベンチャー企業であっても、利益を出せるようになれば大企業並みの法人税を課税されます。ここは大胆な減税措置が必要ではないでしょうか。

サプライズのない日本の政策

日本の政策には総じてサプライズがありません。たとえば低迷する株価対策として、二〇〇三年度から五年間キャピタルゲインや配当課税が一〇%に軽減されましたが、民間資金は株式市場になかなか流れ込みません。本来は一〇%ではなく一気にゼロにするなどサプライズのある政策が必要なのです。

先進国を見ればいい例がたくさんあります。たとえばドイツは日本と同様、個人株主が非常に少ない国でしたが、キャピタルゲイン課税をゼロにすることで株式市場に個人資金がどっと流入しました。

最近の財政難を受けてキャピタルゲイン課税を復活する動きがあるようですが、その間に、ドイツ株は大きく値上がりしました。二〇〇〇年頃は世界的に株価が上昇した時期ですが、主要国では日本だけが低迷していました。

これはバブル崩壊後、歴代政権が思い切った政策を打てなかったためです。過去の清算が今日まで長引いてしまった。来るところまで来たといってもいいでしょう。

しかし、来るところまで来ればあとは立ち直るだけです。問題はどうやって立ち直るのか。大手銀行のりそなグループが公的資金の注入を受け国の特別支援金融機関になるなど「スクラップ」は進んでいますから、「ビルド」のほうをもっと盛んにさせる政策が必要なのです。

その「ビルド」の現状を見ると、年間の開業数が一八万社に対して廃業は三〇万社と、廃業が開業のほうを上回っています。少なくともこれを逆転しなければいけません。

そこで経済産業省は、三年後に開業を倍の三六万社にしようという政策を打ち出しました。産業クラスターとか教育クラスターづくり、あるいは中小企業融資の仕組みづくりなどを始めています。

金融庁も地方銀行など地域金融機関を指導する中で「リレーションシップバンキング構想」を打ち出しました。地域金融機関の役割の一つは地域産業を育成することですが、その役割をきちんと担えということです。ベンチャーキャピタルのようにリスクマネーを貸し出せということです。

銀行とベンチャーキャピタルとの連携

しかし銀行内部にベンチャー投資の経験者がいるわけではありません。そこでいま、銀行とベンチャーキャピタルとの連携が行われています。

具体的にはこういうことです。

たとえば地域金融機関と一〇億円の地域活性化ファンドをつくり、ベンチャーキャピタルが業務の執行代理人になります。

地方にも優秀な起業家がたくさんいますが、会社を起こしたばかりで担保がなければ、銀行は基本的にお金を貸せません。しかし、応対した銀行員が、「銀行として貸すことはできないけれど、この会社の社長が言っている事業計画や理念は非常にいい」と感じたら、そのファンドの投資対象になるわけです。

ファンドの投資対象になれば、ベンチャーキャピタルと銀行とが一体になって、その会社の事業計画を審査します。ビジネスモデルはしっかりしているのか。経営理念はどうか。それで行けるとなれば、そこのファンドから出資するわけです。

ベンチャー企業が成長し、大きくなれば雇用も増え、地域の活性化につながり、銀行にとっては将来それが含み益になります。

もちろん投資先のベンチャー企業が倒産するなど、ある程度は失敗も出るでしょう。しかしファンド内で成功するものがあれば充分カバーできます。

これを銀行貸付でやった場合、仮に失敗すれば不良債権が増えますし、そのこと自体、金融機関の経営健全化を指導している金融庁の意向にそぐわないわけです。

そういう金融庁の姿勢に対しては、「貸し渋りや貸し剥がしを助長している」と批判する声がありますが、これはあくまでも今後新たに不良債権が発生したり、金融不安が起きたりすることを防止するための措置であり、やむを得ないことではないでしょうか。

不良債権をそのまま残しておくわけにはいきません。銀行はやはり立ち直らないといけません。銀行も不良債権処理というスクラップをやらなければいけないのです。

スクラップは進めるけれど、ビルドのほうは何もできないということでは将来の展望がありません。そこでリレーションシップバンキング構想が出てきているわけです。少なくとも、そういう気運が出ているということは素直に歓迎すべきでしょう。

たしかに日本の経済政策はこれまでサプライズが少なく、効果の薄いものが多くありました。しかしまったくダメなのは税制だけで、政府もほかのことはきちんとやり始めているのです。

実はＮＩＦベンチャーズの国内投資先は七〇％までが東京近辺です。そのほかの地域も名古屋と大阪が多く、地方発のベンチャー企業はきわめて少ないのです。

地方では過疎化や産業の衰退が急速に進んでいます。本来は産業振興のために地元の地方銀行が大きな役割を果たすべきです。少なくとも過去にはそういう時期がありました。ところが、バブル期に地方銀行の資金もさまざまな形で東京に集中し、その多くが不良債権化しました。だから、地域の銀行がその役割を果たしていないという批判が起きたわけです。

その典型的な例が北海道拓殖銀行です。拓銀は都市銀行といいながら、本質は北海道のための地方銀行でした。それが融資の多くを東京やリゾート開発に振り向け、結局は破綻してしまったのです。

いままさに、バブル後遺症でリスクの取れない地方銀行とベンチャーキャピタルとの組み合わせが、地域経済の活性化に役立つということで大きく注目されているのです。

また、北川正恭・前知事が旗振り役だった三重県を筆頭に、県当局の真剣な取り組みも始まっています。

それぞれの県によって温度差はありますが、どこの県も産業振興に熱心です。たとえば広島県では独自にインキュベーション施設をつくり、企業誘致のために東京でＰＲ活動を行っています。北海道も同様のことを始めました。

ようやく日本でも、国や自治体レベルで新規産業の育成に本腰を入れてきたのです。スクラップだけをやっていたら瓦礫の山を築くばかりです。スクラップをやりながら同時にビルドを進めなければなりません。いまはもう待ったなしの状況なのです。

日米の大きな相違

そこで、ベンチャービジネスに対するリスクマネーの出し手のことを考えると、アメリカと日本とでは大きな相違が二つあります。

一つは、アメリカの場合はベンチャーキャピタルのファンドにおける年金基金の比重がきわめて大きいことです。アメリカの二〇〇一年におけるプライベートエクイティファンドへの出資比率に占める年金基金の比率は五二%、日本のそれは一～二%です。

日本では一九九八年に「中小企業等投資事業有限責任組合契約に関する法律」が施行され、出資金を超える責任を負わない有限責任組合員の規定ができたことで、年金がベンチャーキャピタルファンドに出資しやすい環境になってきています。

アメリカの年金基金には、オルタナティブ投資といって、少額ずつ多角的な投資をしようという考えがあります。その中では、五%くらいベンチャー投資を織り交ぜてもいいだろうというのが共通認識になっています。

たった五%の投資ですが、株価が上がった二〇〇〇年頃にはそれだけでものすごい収益を上げました。五%の投資で、全体の運用パフォーマンスの五〇%を稼いだファンドもあります。日本でもこれから年金がベンチャー投資を積極的に開始すると思われます。

もう一つは、アメリカには日本と違ってエンジェルという存在がいることです。エンジェルというのは、一般の人が一〇〇万円とか二〇〇万円単位の少額の投資をするというもので、アメリカではこれがベンチャーファンドの何倍もあるのです。

それはこういう仕組みです。起業家が企業を起こすときに、「自分はこういう技術を持って将来こういうふうにやりたい。しかしまだ準備段階で、会社をつくるための資金がほしい」とプレゼンテーションすると、それを聞きに集まってきた人たちが、気に入った会社に対して、それぞれ一〇〇万円とか二〇〇万円の投資を決めるのです。順序としては、その資金が集まって会社を起こして、ある程度会社の経営が立ち上がったところでベンチャーキャピタルが入るのです。

ところが日本にはこうしたエンジェルがいません。エンジェル税制をつくりましたが、アメリカのエンジェル税制とは大きく違います。そこが問題です。

日本の場合は、まず投資対象が経済産業省の認定を受けていなければならないという厳しさがあります。税優遇の内容もきわめて限定的で、たとえばその会社が倒産して、エンジェルが投資した額——たとえば二〇〇万円を全額損したとします。すると、その分は、エンジェルが別に行っていた株式取引のキャピタルゲインと相殺できるという仕組みです。もし株式で二〇〇万円儲かっていたら、その二〇〇万円分は税金を免除するということです。

ということは、日本では株をやっている人でないとエンジェル税制の恩典を受けることができないということになります。

一方アメリカの場合は、株式取引をやっていなくても、エンジェルとして投資すればその分を所得から控除してもらえる。さらに、キャピタルゲインで儲けたら、その資金を一年以内に再投資すれば、その分は免税となるのです。日本の制度と比べて非常に手厚いことがわかると思います。

このように、同じエンジェル税制といっても、日本のエンジェル税制とアメリカのエンジェル税制とは大きく違うのです。

では、仮にアメリカと同じ税制にしたらどうでしょう。

日本にもエンジェル予備軍はたくさん存在します。日本には一四〇〇兆円という個人金融資産があり、そのほとんどを六〇歳以上の人が所有しています。

税制を変えればそれがすぐにベンチャー投資に振り向けられるとは限りません。しかし、たとえば東京大学なら東京大学が投資家を集めて、先生と学生が、「私はこういう技術を持っています、これを企業化したいと思います。皆さんいかがですか」とプレゼンテーションを行うとします。そこでアメリカのようなエンジェル税制の特典があるとすれば、かなりの数の個人がベンチャー投資に興味を持つのではないでしょうか。

日本にも昔からベンチャー企業に資金を出す篤志家がいました。若者のために応援する人、要するにスポンサーです。たとえば有名なところでは『銭形平次』の作者・野村胡堂さんがソニーの創業時に資金援助していますが、これなどは典型的なものです。

しかしアメリカのエンジェルというのは特別な人ではありません。今、アメリカのベンチャーキャピタルの投資残高が三〇兆円あるといわれます。日本は一兆円未満ですから相当な規模です。ところが、アメリカの場合、正確な統計はありませんがエンジェルからの投資資金は一〇〇兆円にも上るといわれています。それだけエンジェルが一般化しているのです。

日本とアメリカとのカルチャーの違いもありますから、すぐに追いつけるとは思えません。しかし税制をアメリカ並みにすれば、今よりもエンジェルが出てくることは間違いないでしょう。

最近は日本でも一部の証券会社が未公開株投資を扱っています。一般の人でも未公開株へ投資することができるようになりました。それをエンジェルとして投資してもいいわけです。

アメリカには未公開株のマーケットがあり、約一万社の株式が取引されています。台湾でも未公開株の百数十銘柄に関しては常に値段が表示されており、それを取り扱う業者が存在します。

いずれにしてもアメリカ並みのエンジェル税制であれば、日本の個人投資家もリスクテイクするエンジェルとしての投資が増えると見られているのです。

Episode 3

バーチャルからリアルへ

ずっこけてしまったバーチャル企業たち

バーチャルとは、「実態をともなわないさま。仮想的。擬似的」という意味です。これに類したバーチャル・リアリティという言葉がよく知られていますが、これは「仮想現実。コンピュータを用いて人工的な環境を作り出し、あたかもそこにいるかのように感じさせること」といった意味を示します。

一方、リアルという言葉は「現実に即していること。本当の。実在的な。あるがまま」という意味であり、「現実をリアルに見据える」というように使われます。リアル・リアリティーは「本物の現実。バーチャル・リアリティ（仮想現実）ではない現実」という意味であり、バーチャル・リアリティとは正反対の位置にあります。

このように、「バーチャル」と「リアル」は反対の言葉なのですが、ビジネスを起こす場合、そしてそれを経営する場合、みなさんは「バーチャルなビジネス」を選びますか、それとも「リアルなビジネス」を選びますか。

別な言い方をすると、ビジネスは「バーチャル的」なものがいいのでしょうか。それとも「リアル的」なものがいいのでしょうか。

かつては「バーチャル」なビジネスモデルが過大に評価されていました。バーチャルと関係の深い言葉に「インターネットバブル・ネットバブル」があります。

インターネットバブルとは、二〇〇〇年（平成十二年）二月以前の、ネット関連銘柄の高値の状態をさします。一九九九年から二〇〇〇年にかけてであり、東京・渋谷をＩＴ企業の集積地「ビットバレー」と呼び始めたのは、ネット株バブル直前の一九九九年の春です。

これらは一言でいうと、「ドットコム現象」です。ドットコム企業が横行した世界です。ドットコム企業とは、インターネット上でビジネスを展開している企業のことです。ドットコムはもともと登録された一般企業のホームページアドレスに付く記号で、「商用」の意味です。インターネットを活用して既存のビジネスを革新する行為そのものを「ドットコムする」などといいますが、実際に革新といえたのでしょうか。

「ビットバレー」については、その後いくつかの企業が、地に足をつけたリアルな企業に買収されるなど、往時とは比べるべくもありません。

ともあれ、ドットコム企業がもてはやされた頃は、早くいえば、ネット上の実態のない企業が、

「こうなる、ああなる」

と、もう何でもかんでもバーチャルな、要するに、夢みたいな話を掲げました。まったく戦略も何もありません。そうしたＩＴベンチャーは現実社会のニーズと現状に即したビジネスモデルは構築できていなかったのです。ところが、そのビジネスモデルが非常に奇抜であったり、事業計画が興味を引くものであったりすると、その実態や中身などを考慮することなく、それを、

「これはおもしろい。ぜひ、実現させたい」

などとネットバブルに踊った投資家たちがこぞって投資をしました。ＩＴ企業への過剰な幻想です。そのために、おかしな投資のバリエーションができてしまいました。

本来、投資家たちは、企業が現在つくり出しているものと、将来つくり出すことが期待

できるものの双方に基づいて投資をするのが本当です。しかし、ネットバブルでは、投資家たちは企業の将来の利益を過大評価してしまいました。決して大きな利益を上げられない企業が、莫大な価値があると錯覚してしまったのです。

しかし、高騰した株価は、その後、急落。インターネットバブルは崩壊します。投資家たちに非常に大きな迷惑を与えました。

こうしたインターネットバブルが起こったのは、投資家の過剰な成長への期待感が、有効なビジネスモデルを持たない、すなわちバーチャルなビジネスモデルしか持たないベンチャー企業にまで及んだこと、また、世界的なＩＴの不況などから引き起こされたと考えられています。

つまり、「最初にＩＴありき」ではなくて、「最初に現実社会ありき」であるべきだったのです。

バーチャルへの疑問からリアルへ

二〇〇一年、二〇〇二年頃から、

「本当に収益が上がるビジネス計画なのか」
「実際にビジネスをやって本当に収益が上がるのか」
「これまでのようなバーチャルではなくて、リアルなのか」
「若い人たちだけではなくて、若い人たちにプラスして、ベテランの経理の人が加わっているような組み合わせの経営陣なのか」

といったことを考える人たちが増加し、現実にそのような形になっています。つまり、企業のあるべき姿が、「バーチャル」から「リアル」へと変わっていったのです。

企業が「バーチャル」から「リアル」へと移っていくなか、もちろん、その「リアル」がすべて良いわけではありません。NIFとして、そうした企業の良し悪しを判断する見方を簡単にお話ししますと、次のようになります。

当たり前のことですが、企業を起こし経営する経営者は非常に重要です。理想的な言い方をすると、それは経営陣というチームによります。経営者のリーダーシップと経営陣のチームとのバランスが、しっかりとれている企業が望ましいのです。

そんな企業に必要なのが「三本柱」です。では、三本柱は何かというと、一つの柱は技術です。その技術が、他社の技術と差別化できるものかどうか、他社の技術に勝てるかどうか、これをNIFの目利きが見ます。判断します。

差別化できるもの、勝ち目のあるものなら、どんどんやっていくことを勧めますが、逆の場合なら、

「やってもムダ。やめましょう」

と止めます。当然なことです。

二つめの柱は営業です。いくらいいものでも営業ができなければだめです。どんなに素晴らしいものでも、それを必要としてくれて、購入してくれる相手がいなければ、何にもなりません。あるいは営業が下手で相手が見つけられないようならだめです。宝の持ち腐れです。

販売しようとする製品等が、いわゆる仕様ニーズに合っているのかどうか、また、顧客を開拓する手腕があるのかどうか、が大事になってきます。さらに、それを販売しようとするマーケットが百億円以上なければならないでしょう。一定の市場規模がなければ、ベンチャーが入り込む余地は小さいですし、将来も明るくはありません。

それから三つめの柱。これが最も重要ですが、経理・財務です。経理・財務、キャッシュフローに気を配っているかどうかということです。

中小企業でよくある失敗のケースとして、資金不足による倒産があります。本当によくあります。これは限界意識のないところで起こります。損益分岐点を考えないのです。だから、

「将来は自分の会社はこうなるぞ、こんなにでかくなるぞ」

と、多くの人を雇ってしまう。設備投資も一気にやってしまう。自分のところで開発した製品が売れるはずだと思っている。他にはなくてこんなに優れているのだから、すぐに売れて大いに儲かるはずだと思い込んでいるのです。

しかし、世の中はそんなに甘いものではありません。思うようにはいきません。製品等が優れていて、市場に受け入れられるものだとしても、タイムラグがあります。結果的に、やったことが三年後、五年後に正しかったことが証明されることがありますが、それまで会社が持ちません。一番気をつけなければならないことです。

そのため、ＮＩＦがベンチャー企業に投資をした場合、投資の金額にもよりますが、たとえばかなり大きな金額、一〇億円以上の投資をした場合は、常勤取締役をその企業に送り込んで、特に経理・財務に目を配ります。お金の使い方に注意をするわけです。

ベンチャー企業にとっては三本柱——「技術」、「営業」、「経理・財務」が非常に重要で

す。とはいえ、この三つがそろっていれば、何とか生き残っていけるかというと、そうとは言い切れません。中小企業というのは、そんなふうに希望や理想どおりにはいかないものなのです。

地に足をつけた地道な行き方を！

ベンチャー企業は創業一年目、二年目、三年目くらいは、必死になって生き残るためにのたうち回ります。しかし、ともあれ、生き残ることが重要なのです。苦労した結果、四年目、五年目につぼみが開き、花が咲くケースは多いですから、歯を食いしばってがんばっていくだけの価値は十分過ぎるほどあります。努力を続けていきましょう。

そういった意味でＮＩＦはいろいろとウォッチングしていくのですが、もちろん、これはバーチャルな企業などではなく、リアルな企業の話です。バーチャルは上辺は華やかに見えても、実態がともなわない。ビジネスモデルだけしかないＩＴバブル企業などはとうていこの対象にはなりません。そもそも、一年、二年だって生き残ることさえ困難なことですから——。

わかりきったことですが、ベンチャービジネスが生き残っていくにはアイデアだけではだめです。地に足をつけた地道な行き方こそが大事です。

ベンチャー企業に投資をするベンチャーキャピタルも非常に慎重になっています。事業計画書等を厳重にチェックします。では、どのようなベンチャー企業こそが、ベンチャーキャピタルが投資をするのにふさわしいのでしょうか。他の項でもふれていますが、やはり、経営者の人柄や会社の体制、経理の状態などが大きなポイントです。

また、事業計画書が重要であることはいうまでもありません。まず、その事業計画書の事業性については、成長性を含め、果たして事業として成立するかどうか、ということが問題です。これから立ち上げようとするベンチャー企業ならば、利益計画、資金計画などの事業計画書が重要ですし、ベンチャーキャピタルを含めた投資を行う側からは、その企業の、製品・サービス、マーケット等の事業内容、販売先（各販売先企業、数量、価格、取引条件）、仕入先（各仕入先企業、数量、価格、取引条件）などを重点的にチェックすることになります。

本来ならば、バーチャル企業はこれらに該当するべくもなく、かつてなぜバーチャル企業があれほど投資の人気対象になったか不思議です。今や、「リアル」であることの重要性がさらに厳格になって再認識されているのです。

成功例、失敗例を見てみると――

「バーチャルではなくてリアル」で成功した例としては、たとえば、半導体・電子部品の大手の「ローム」があります。顧客の要望に応じたカスタムＩＣなどを手がけ、高収益を上げ、携帯電話や情報機器向けも好調で、収益・成長力で高い評価を得ています。厳しい時期もありましたが、それもいまや昔。経営者の考えは信念と計算に裏打ちされ、地に足をつけた経営で今日の地歩を築き上げてきました。

ベンチャー企業を多数輩出する京都でも、異色さでは群を抜く「日本電産」もそうです。精密小型モーターで世界シェアを圧倒する同社は、年中無休で一日一六時間仕事をする社長のモーレツぶりで有名ですが、当然、本業が生み出す現金収支を重視し、過大な投資を避けるキャッシュフロー経営。「自分の強みを見据え、それを逸脱せず、着実な成長で会社の永続を目指すこと」は、一九七三年の創業時からの日本電産のモード（型）です。

創業者がベンチャー企業経営者の育成に力を注いでいる、ＩＣパッケージなどのセラミックから完成品までの「京セラ」はバブルに踊ることなく、「バーチャルよりもリアル」で堅実な経営を続けてきました。

創業者は事業で成功するカギとして「情熱（PASSION）」を上げます。この「PASSION」は利益、願望、誠実さ、真の強さ、創意工夫、積極思考、決してあきらめない、という七つの英語の頭文字でもあります。たとえば、利益については、「自由な市場では社会への貢献の報酬」、「たゆまぬ努力の結果」ととらえており、その地に足をつけた経営の歩みがよくわかります。まさにリアルそのものです。

失敗例としては、これまでも話してきましたが、やはり、筆頭に上げられるのは、ITバブルで踊ったベンチャー企業たちでしょう。それらは数え切れないほど多くなっています。ビジネスモデルのユニークさでもてはやされたものの、実態がともなっていないため、株価は急落。数多くの投資家などに大迷惑をかけました。

また、たとえば、四、五人の技術者が、

「こういう技術でこういう会社を起こしたい」

といった仲間意識でつくった会社も失敗するケースが多いものです。確かに技術は優秀なのですが、経営の経験がない。それにキャッシュフローの管理の能力がないし、営業の経験もない。こういう会社がそのまま突っ走ると、そうこうしているうちにお金が足りなくなってしまいます。経営にしても闇雲に設備投資をして、人を余分に雇ってしまう。しかし、その一方では、なかなか思うようには売り上げは伸びていかない。いくら技術が優秀でも、開発した製品が売れなければしょうがありません。そして、結局、失敗。倒産ということになってしまいます。技術への過信は失敗の元。実はこういうケースが最近、非常に増えているのです。

だからといって、NIFがこういったベンチャーに投資をしないというわけではありません。あえて投資をすることもあります。もちろん、その場合は、

「ああしなさい、こうしなさい」

と、経営や経理、営業・販促等について、いろいろアドバイスします。繰り返しますが、技術だけではだめ。その他のわからないことは、専門家の知恵を借りることです。技術があるのですからバーチャルではありませんが、ただ、技術以外に関してはバーチャルだということができるかもしれません。

その他にも数限りなく失敗例はありますが、自分たちが起こすベンチャー企業が、その失敗例の仲間入りをしないことを願いたいものです。

Episode 4

「利は仕入れにあり」

起業家にも利

いわゆる商人の「商売道」というのは、ものを安く仕込んで、それに付加価値をつけて、消費者に買ってもらう、これが商売の基本です。

そもそも江戸商人のことばである「利は仕入れにあり」という格言は、NIFの社内向けに、投資に対する考え方を徹底させるために提示したものです。

ベンチャーキャピタルとは基本的に未公開ベンチャー企業に投資することによって収益を獲得するビジネスです。未公開ベンチャー企業に対する投資はリスクが高い反面、将来有望な企業であれば株式上場後の売却益等により、株式上場企業に対する投資と比べてはるかに大きな利益が得られるビジネスです。

しかし、ベンチャー企業へ投資してからその企業が株式上場するまでには三〜五年の期間がかかります。また、全てのベンチャー企業が株式上場できるとは限りません。このようにベンチャー企業への投資にはいくつかのリスクがともないます。そのリスクがハイリスクだけでは企業としてやっていけません。少しでもリスクの軽減をはかるのです。その一つが「利は仕入れにあり」なのです。投資価格が低ければリスクも低くなります。

しかし、単に「利は仕入れにあり」といってしまうと誤解を招くおそれがあります。ベンチャーキャピタルが利益追求のために、商品（ベンチャー企業の株式）を安く買いたたいて高く売るというように捉えられかねないのですが、そうではなくて、「適正な水準（価格）」でなくてはいけないということなのです。

ベンチャーキャピタルの先進国である米国の投資形態は、シリーズAからスタートしB・Cへとベンチャー企業の成長段階に応じて投資されます。設立段階のシリーズAでは一株何セントという投資価格からのスタートもあります。B・C段階の追加ファイナンスにおける投資価格（バリュエーション）は企業の成長に応じて順次上昇していきます。ベンチャー企業の目標であるＩＰＯに到達したとき、公開価格が最初の投資段階であるシリーズAの価格を下回ることはまずありません。ファイナンス価格（バリュエーション）の決定は重要なのです。

実はこの「適正な水準（価格）」はベンチャーキャピタル側だけでなく、ベンチャー企業にとっても大事なことなのです。

ベンチャーバブルの教訓

二〇〇〇年の「ベンチャーバブル」時には、ベンチャー企業の将来価値を必要以上に現在価格に上乗せして、本来の適正価格と大きく乖離した投資価格が横行していました。

ベンチャー企業側にとっては、自社の将来性を高く評価されるわけですから、そのときの価格が思った以上に高かったとしても、それはそれで正しいと思われるかもしれませんが、今後の企業成長を考えると、かえって弊害になることがあるのです。

バブルがはじけて株式市場が低迷しているときなどに、次の資金需要が発生しファイナンスが必要になったとしても、最初に高株価で投資家から資金を調達していると、ファイナンスの成立が困難になるのです。というのは、仮に二〇〇万円という株価で最初に資金調達をしてしまうと、次に一〇〇万円、五〇万円というダウンラウンドでの株価で投資家から資金を集めることが難しくなるからです。

本来であれば、ベンチャー企業の成長とともに資金ニーズが発生し、次のファイナンスへと発展するわけですから、そのベンチャー企業の株価（バリュエーション）も徐々に上昇していかなくてはなりません。ところが、最初の株価が高すぎたために、次のファイナンスのときに企業価値を計算し直してみると、そのときには既にバブル現象は消滅しており、本来の適正価格に戻ってしまっているので、大幅に価格が下落してしまうのです。

最初の価格で投資した投資家はベンチャー企業の発展を見込み、将来価値が上昇するとの思惑で投資したわけですが、二回目のファイナンス価格（バリュエーション）が前回を下回っていたのでは、追加投資をすることに躊躇してしまいます。

それなら、新しい投資家から資金を集めればよいのではと思われますが、なかなかそうはいきません。最初の投資家は、既に株主としてそのベンチャー企業をサポートしているわけですから、彼らをまったく無視して新しい投資家（株主）を募ることができないのです。また、新規の投資家にとっても、既存の株主（最初の投資家）の協力が得られなければ、そのベンチャー企業の発展にマイナスになってしまいます。いくら安い株価になったとしても投資を躊躇してしまうのです。

ベンチャー企業にとって企業価値を高めるには、その時々の資金調達は必須です。事業計画に沿った資金調達ができなければ、企業の発展にブレーキが掛かってしまいます。

資金調達が、いかに大事かということです。

ですから、ここでいう「適正な水準（価格）」というのは、ベンチャーキャピタル側だけの問題ではなくて、ベンチャー企業側の問題でもあるということなのです。

また、ベンチャー企業がＩＰＯできる段階まできた場合にも、この「適正な水準（価格）」ということが大事になってきます。

たとえば、あるベンチャー企業が未公開のときにとんでもない株価、たとえば一株二〇〇万円で資金調達していた場合、せっかくＩＰＯの実現に近づいても、そのときの市場価格が五〇万円でしか評価されそうになかったら、二〇〇万円で投資をした人からは「冗談ではない」という声があがるでしょう。場合によっては、上場延期ということになるかもしれません。これでは、上場したくてもできなくなってしまうのです。

投資したベンチャー企業が株式上場を目前にして延期を余儀なくされるような事態は、企業にとっても、投資家にとっても避けなければなりません。

それゆえ、「利は仕入れにあり」という格言は、ＮＩＦのように投資先企業へのハンズオンをモットーとしているベンチャーキャピタルにとって非常に重要な哲学になってくるのです。

「利は仕入れにあり」ということは、決して安く買いたたくことを勧めているのではありません。ベンチャーキャピタル、ベンチャー企業の双方が将来の株式上場を見据えて「適正な価格」を決定するということなのです。

含蓄の深い言葉だと思います。

Episode 5

ベンチャーへ資金と知恵と愛情を

ベンチャーのアーリーステージから愛情を持って成長を支援する

ベンチャービジネスに対して資金を供給するのは、ベンチャーキャピタルの大きな役割です。ただ、資金のみを提供して結果を待っているだけでは単なる投資家にすぎません。そこに「知恵」をも提供するのです。投資先企業の個性を尊重し、その企業にあった最適な資本政策を提案し、さらには、その企業の持っている資源を効率よく利用して総合力を高めるための経営支援、いわゆる「ハンズオン」を行うのがNIFベンチャーズなのです。

具体的には、ベンチャー企業のマーケティングや営業部門に、大和証券グループのネットワークの中からいろいろな企業を紹介して引き合わせることもしますし、キャッシュフローの管理のアドバイスなども行います。投資先の企業に資金が必要であれば、資金調達の方策についての知恵やアドバイスも与えます。

当然、ベンチャーキャピタルとして資金を投資する以上、その資金の付加価値を高める意味においても、投資先企業が発展しなくてはなりません。発展するためには、やはり知恵を与えることが重要なのです。ベンチャーキャピタルそのものが非常に未熟であった時代や、旧態依然としたベンチャーキャピタルは、ある意味で「もう完成した会社」しか投資の対象とはしていませんでした。いわゆる企業の成長過程における「レイターステージ」をターゲットとしていたのです。

しかし、ＮＩＦベンチャーズは違います。ベンチャー企業は、経営に未熟なケースもありますが、企業のアーリーステージから徐々に成長して発展し、上場の準備に至るまでの段階を一貫して指導していきます。そこに流れているのは、投資先の企業、ベンチャー企業に対する「愛情」です。愛情を持って知恵を授け、育てていくのです。単純に知恵を授けるだけではなく、親身になって知恵を与えるのです。そのための体制が、ＮＩＦベンチャーズにはあります。ベンチャー企業に対し「資金と知恵と愛情を」というのがＮＩＦベンチャーズのモットーなのです。

アメリカでは、ベンチャーキャピタリストとインベスターは明確に区別されています。資金だけを出すのはインベスターで、ベンチャーキャピタリストは企業を育てていくものとして広く認識されています。投資先の企業に資金だけではなく、知恵を出して育てることで、初めて、投資した資金が生きてくるという考え方が浸透しているのです。知恵を授けるとなると、当然、ベンチャーキャピタリストにも、それだけの知恵がなければなりません。ベンチャーキャピタル、ベンチャーキャピタリストは企業経営に関しては「何でも知っている」というようにならなければならないのです。ベンチャー企業の経営内容、事業内容、そして、その事業を伸ばすための方策なども知っていなければなりません。ですから、ベンチャーキャピタルには、それだけ豊富な経験が求められるのです。

ベンチャーキャピタルの実績を「トラックレコード」と呼びますが、それは、「あのベンチャーキャピタルは、あそこの会社を手がけてＩＰＯに持っていった」というような実績のことを指します。その実績が多ければ多いほど優れたベンチャーキャピタルと認められ、アメリカでは非常に高いステータスを得ることができます。そういったベンチャーキャピタルが、ある企業に投資すると決定しただけで、多くの投資家がその投資先企業の事業内容や業績を調べずに、便乗して投資をするというようなことさえあります。優秀なベンチャーキャピタルの元には、自然に投資家が集まってくるようになるのです。その意味で、ベンチャー企業の経営者の方々は、多くのトラックレコードを持つ、優れたベンチャーキャピタルを選ぶことが重要となります。ＮＩＦベンチャーズでは、所属している若手のベンチャーキャピタリストに、「若いうちに勉強しろ、一〇年間、徹底的に勉強して実績を積み独立しろ」と言っています。それは、個々の若いベンチャーキャピタリストがトラックレコードを数多く持ち、業界での信用を勝ち得て欲しいからです。ＮＩＦベンチャーズには、個々のベンチャーキャピタリストに対する組織のバックアップ体制、たとえば、審査部であったり、あるいはテクニカルアドバイザーがいたりというようにバックアップ体制があり、ベンチャーキャピタリストを支援する体制を整えています。個々のベンチャーキャピタリストが信用を得られれば、それだけ、ＮＩＦベンチャーズの信用も高まります。

また、ベンチャー企業が株式を公開するにあたっては、主幹事証券会社が入ってきます。主幹事証券会社は、公開手続きの専門的なことはしますが、ベンチャーキャピタルのようにその企業の業績を伸ばすようなサポートはしません。そうであっても、主幹事証券会社が熱心に、真剣に株式公開準備をしないと株式公開がうまく行かない場合もあるのです。その意味では、ＮＩＦベンチャーズが投資した先でも、熱心な証券会社が主幹事になってもらわないと困ります。ＮＩＦベンチャーズは大和証券グループではありますが、投資先のベンチャー企業の主幹事が大和証券になるとは限りません。他の証券会社が熱心であり、そちらの証券会社が主幹事に相応しいと判断できれば、その証券会社が投資先企業の主幹事になる場合もあります。なによりも大切なことは、ベンチャー企業にとって最適な証券会社を主幹事とすることです。

優れたベンチャーキャピタル、ベンチャーキャピタリストは案件を数十件も抱えている場合があります。そうすると、すべての案件に十分な時間を割くことができないという懸念があるかもしれません。そのような場合に、ＮＩＦベンチャーズでは、他のベンチャーキャピタルと情報交換をしながら、ベンチャー企業の支援をしていきます。たとえば、五億円の投資が必要な場合、ＮＩＦベンチャーズだけで丸々投資するのではなく、他のベンチャーキャピタル、銀行、生命保険会社などとあわせて五億円の投資を行い、ＮＩＦベンチャーズが「リードベンチャー」となるのです。ＮＩＦベンチャーズがリードベンチャーになることで、多くの投資家の方々にも安心感を持っていただけますし、ベンチャー企業としては成長の過程で、多くの投資家と知り合いになれるというメリットがあります。

その一方では、投資家の方々へ事業の進捗状況を常に報告しなければならず、それを熱心にやるかやらないかによって評価が大きく異なってくるという厳しい面もあります。

多くのベンチャーキャピタルから投資を受けた成功例としては、人事管理のパッケージソフトを扱っているワークスアプリケーションがあります。ワークスアプリケーションでは、一時、ベンチャーキャピタルの出資比率が五〇％を超えていたこともありました。若手の三〇代の社長が経営しているのですが、投資をした多くのベンチャーキャピタル、ベンチャーキャピタリストから資金やアドバイスを受け入れて、株式上場を果たしました。ワークスアプリケーションは、そういう意味でベンチャーキャピタルをうまく使った事例、ベンチャー企業とベンチャーキャピタルが協力しあって成功させた典型といえるでしょう。

信頼できるリレーションシップがなければ知恵も愛情も資金も出せない

さて、ベンチャー企業の中には、ベンチャーキャピタルが投資したいと思うような企業とそうでない企業とが、当然、あります。ＮＩＦベンチャーズでも、投資委員会を設置してベンチャー企業の技術なり商品が市場でどのように評価されているかを多角的に分析しています。その技術なり商品なりを採用しようとしている企業などにも出向いて直接に話を聞くこともあります。

そういったヒアリングの結果をもとに投資委員会で投資するか否かを決断しているのです。たとえば、現時点では売上高はゼロだが、こういう優れた技術を持っていて、こういう計画を進めている。相手先の企業はこういうところで、各社が高く評価し購入しそうだなどという調査結果もレポートにはあがってきます。ベンチャー企業経営者が嘘をついても、すぐバレてしまいます。ＮＩＦベンチャーズが最も投資をしたくない企業、経営者というのは「嘘を言う」企業や経営者です。夢を語るのならいいのですが、事業計画書を見ると一年目に一億円、二年目には二億円、三年目には四億円と、倍々ゲームで決まりきった数字を書いている。そういった場合には、しっかりと裏をとります。裏をとれば、すぐに、そういった数字に根拠がないことや、無理があることはバレてしまうのです。こちらが、いくら親身になっても、受け入れる側が真摯に受け止めて応じてくれないと、投資も意味がなくなってしまいます。

反対に、資金と知恵と愛情を注ぎ込みたくなる企業というのも、もちろんあります。もう、なりふり構わずに、その仕事一本にかかっている経営者がいるベンチャー企業です。それこそ朝から晩まで遊ぶ暇もない、友人付き合いもできない、同窓会にも出れない……。

それでも従業員と一体となって働いている経営者がいるベンチャー企業が、まず第一に投資をしたくなる、支援をしたくなる企業といえます。そのうえで嘘をつかずに、しっかりと情報をディスクローズして、ＮＩＦベンチャーズに相談もしてくれる。嘘をつかれたら、ＮＩＦベンチャーズとしても知恵も出せないし、愛情も注げません。本当に親身になって資金と知恵と愛情を注ぐのですから、ベンチャー企業も真剣になってＮＩＦベンチャーズを頼ってくださいということです。密接で信頼できるリレーションシップがなければ、知恵も愛情も、ましてや資金も出すことはできないのです。

実際に、あるベンチャー企業からの相談を受けて、そのベンチャー企業のサービスを採用してくれる可能性のある企業に対して「ＮＩＦベンチャーズが投資しているので、いかがでしょうか」と話を持っていったこともあります。その結果、「ＮＩＦが投資しているのか、それなら、やってみようか」と道が開けたのです。そういった親身な支援もしているのです。

リビングデッドから企業を再生させる

　不幸にしていま、世の中の環境に恵まれず思ったとおりに企業経営ができていない、業績が伸びていないというベンチャー企業が多いのも事実です。そのようなケースでは、NIFベンチャーズでは、ともかくリストラをしていまを生き延びれば、また、チャンスが来るということを知らしめます。ただし、そういったアドバイスはできますが、正直なところ、なかなか資金を出すわけにはいきません。だからこそ、生き延びるための知恵を授ける……。そういった銘柄群をベンチャーキャピタルでは「リビングデッド」と呼んでいます。

　ベンチャーキャピタルは各社ともに多くのリビングデッドを抱え込んでいます。ただ、NIFベンチャーズには、リビングデッドを再生させるための専門部隊があります。専門の担当者が情報を収集し、環境が変わった、新たな技術が開発されたというような兆候が見えてくれば、そこから新たな投資が始まるのです。そこに流れているのは常に「愛情」です。「この企業はリビングデッドでもうお終いだ。放っておけ」というのではないのです。生き延びて企業が存続している以上、どこか他の企業と合併するといったことも可能になります。細々と生きているが、この技術は捨て難いというものがあれば、それをＮＩＦベンチャーズの手で、どこかに「嫁入り」させたいと思っているのです。

つい最近の事例では、二〇〇〇年頃の「ビットバレー時代」に急成長し、その後のＩＴバブルの崩壊で失速してしまったネットイヤーという企業が、ソランという上場会社の傘下に入りました。ネットイヤーには、ＮＩＦベンチャーズもかなり投資しました。ビットバレーのリーダー株で、ＳＩＰＳと呼ばれる、インターネットを活用したサービスを主力事業としていた企業で、優秀なスタッフが集まっていたのですが、ＩＴバブル崩壊の煽りをまともに受けました。ただ、そうはいってもネットイヤーのブランド価値は高い。そこで、二〇〇名近くいた従業員を六〇名ほどに削減して経営の立て直しをはかり、ソランの傘下に入って、再度、上場を目指すことになりました。ネットイヤーが生き返ったのです。ソランの支援で順調に上場できれば、ＮＩＦベンチャーズも資金を回収できます。

ネットイヤーの提携先として最適だったのがソランだったのです。ソランにしても、ネットイヤーが上場すればグループ経営にも効果は大きいでしょう。このように、ＮＩＦベンチャーズでは、リビングデッドの企業に対しても、様々に知恵を授け、サポートをしているのです。

事業の目指す方向性、将来性は素晴らしく、技術もある。しかしながら、花開くのは将来の話であって、現在の売上高や利益が追いついていないのに、将来を見越して従業員を二〇〇名も雇ってしまったり、大規模な投資も行ってしまう。当然、資金が底をついてしまいます。「第二のソニーになる、第二のホンダになる」という夢はあっていいのですが、やはり階段を一歩一歩上がっていかないといけません。ステップ・バイ・ステップです。将来に大きな絵を描き過ぎて、過大な人員、過大な投資、そういった一連の流れが世界的なITバブルの崩壊とともに頓挫してしまったのです。

ネットイヤーに限らず、リビングデッドの企業に対して、NIFベンチャーズでは、「辛いけどリストラをやりなさい、人員を削減しなさい、社長の給料をこうしなさい、今のオフィスを引っ越してもっと安いところに行きなさい」と厳しいアドバイスもしています。企業開発部という専門部隊で、なんとか食いつないでいけるだけのことをして、次のチャンスを待つというサポートをしているのです。

エンジェルとアントレプレナーがお見合いできる場の創設も視野に

アメリカでは、起業して失敗することは、ある意味でひとつの貴重な経験というように考えてくれるだけの懐の深さがあります。日本も最近でこそ、そういった風潮が見え始めてはいるようですが、まだまだ創業すること、アントレプレナーになるということは、アメリカに比べて非常に困難です。理由は、前述したようにアメリカの場合には「エンジェル」と呼ばれるアントレプレナーに対する投資家がいるからです。ですから、自分の財産、親戚縁者から集めた資金がなくても投資家から資金を集めることができるのです。事業に失敗し、倒産してしまった場合でも、企業家が自分個人の財産や家族・親戚の財産を失うわけではなく、投資家が損をするという仕組みなのです。一生懸命やったが結果は失敗だった、会社は清算したとなっても、起業家はもう一度、その失敗を教訓に環境がよくなってきたら再挑戦できるのです。才能があり、将来性のあるビジョンを持っていれば、投資家は再び資金を出します。

それに対して、日本の場合はベンチャー企業を起こすのが非常に難しい状況にあるのも事実です。まず、「エンジェル」がいません。創業するときには、それこそ親類縁者から資金を集めたり、自分の資金・財産ももちろんつぎ込むでしょう。一番困るのは、銀行から資金を借りる場合には、個人保証となってしまう。個人保証ということは、要するに会社が倒産した場合には、自分も借金にまみれ破産してしまうのです。先ほども述べましたが、アメリカの場合は起業に失敗したり、会社が倒産したら投資家が損をする仕組みであって、本人は残るのです。全てのケースがそうであるとは言い切れませんが、優秀な人材であれば失敗しても再び投資家が資金を出してくれるのです。

日本の場合は無限責任を負い、起業するのは命懸けなのです。そこが問題です。日本の政府にも、創業しやすい環境づくり、支援体制づくりが重要であるとの認識はあるようで、エンジェル税制ができました。一応はできたのですが、まだ、アメリカと比較したら日本のほうが厳しい。アメリカのほうが、ベンチャーが生まれやすい環境にあります。だからといって、アメリカのようにすれば、日本でもベンチャー企業が数多く生まれてくるかといえば、そうとも言い切れないと感じています。日本はそういう意味では、保守的な国ですから、なかなかアメリカ並みにはベンチャー企業が生まれて来るのは難しいでしょう。

しかし、その一方で、日本においても、ベンチャー企業に投資したいという人がいるのも事実です。そういった方々の多くは、どう投資していいのかがわからないようです。N

ＩＦベンチャーズにも、「資金があるのですが、どう投資していいのかがわからない。何かいい投資先があれば教えて欲しい」というような相談を持ちかけてくる方もいらっしゃいます。

実は、アメリカには、そういった場があるのです。投資したいというエンジェルと起業したいというアントレプレナーがお見合いをする場があるのです。その場で、アントレプレナーが、「私どもは、こういう技術を持っていて、こういった将来のビジョンを持っている。夢もある」というようにプレゼンテーションをして、それに共感したエンジェルが投資をするのです。このスタイルが、アメリカで起業するときのスタートアップのベースになっているのです。そして、ある程度、資金が集まり企業化の目処が立ってきたら、その後にいよいよベンチャーキャピタルが出てくるのです。

創業時にエンジェルから出資を受けられるスタイルと比べてみると、日本のベンチャーキャピタルは、実は最初のスタートアップのときから面倒をみていかなくてはならないのです。アメリカのエンジェルは、もちろん個人投資家ですが、お見合いの場を設定しているのは、コンサルティング会社であったり、大学であったりするのです。アメリカで行われているような、個人投資家を集めてアントレプレナーとの出会いの場をつくるというのをＮＩＦベンチャーズでもやってみたいと考えています。

Episode 6

こんな起業家には投資しない

――ベンチャーキャピタルが起業家を見分ける二四のポイント――

ここまでは成功法を見てきましたが、逆もまた真なりで、次に「失敗例」を見てみましょう。これから述べる二四のネガティブ・ポイントは、NIFが作成したもので、ベンチャーキャピタルが投資行動を判断する際に用いている「重要指標」の一つです。NIFに限らず、ベンチャーキャピタルはこれらのポイントに一つでも触れるベンチャーへの投資については慎重にならざるを得ませんし、場合によっては投資を引き上げたりすることさえあります。そうしたベンチャーは成功する可能性が低い、むしろ失敗する確率のほうが高いということを経験則でベンチャーキャピタルは学んできたからです。

つまり、これから述べる二四のネガティブ・ポイントは、逆に言うとベンチャー側が注意すべき「べからず集」といえるものです。といっても、その内容はいずれも常識的な範疇を超えるものではなく、特別なことではありません。が、それでも落とし穴に嵌るのが人間の常。ベンチャーで成功を志すならば、次から述べるポイントについては日頃から厳しく自戒しなければなりません。

POINT 1 自分だけが喋りまくって、人の話に耳を貸さない

いったん話し始めると、相手に質問する余地を与えないほど、滔々と話すベンチャー経営者が時折いますが、ベンチャーキャピタルは単に「おしゃべり好き」と見過ごしたりはしません。質問をさせたくないという意図があるのではないか、何か聞かれると困ることがあるのではないか、と推測されるからです。

いくら自信満々を装っていても、一方的な会話というものは、余裕がない証拠といえるでしょう。ベンチャーキャピタルが質問する項目は、いうまでもなく投資するにあたって、さまざまな確認事項があるからです。むしろ、「どこからでもかかってきなさい」と大きく構えたほうが、信頼感を得ることができると考えられます。

また、他人の意見や質問に聞く耳を持たず、自分の信念だけに固執するのは、経営者と

してはバランスがとれておらず、経営リスク要因の一つと判断せざるを得ません。

ある地方の技術系ベンチャー企業A社でのことですが、特定の大企業一～二社との取引が極端に突出しているケースがありました。技術の内容は業界内でも高く評価されていましたが、売上構成は不健全といえるもので、われわれは販路拡大策についてA社のオーナーと何度かミーティングする機会をつくりました。が、「大企業がバックについているんだから大丈夫」と自分の考えに固執するばかりで、一向にラチがあきませんでした。やがて不況期に入り、われわれが不安視していたとおり、大企業との取引が切られ、あっという間にそのベンチャー企業の資金繰りが苦しくなり、経営が立ち行かなくなってしまいました。

信念のないベンチャー経営者は困りものですが、それに酔い過ぎて周囲が見えなくなるというのでは元も子もありません。

POINT 2 何度か面談していると首尾一貫しない点が出てくる

嘘は必ずバレるものです。困ったことを聞かれて、そのときは適当に言いつくろうことができたとしても、後で整合性がとれなくなってしまうからです。面談するたびに、どこかかしらで話の整合性がとれないということ自体が、嘘を言っている明白な「証拠」です。いうまでもなく、虚言癖のある経営者は信用できませんし、絶対に投資できません。

ある都内のIT系ベンチャーB社でのケースですが、技術の内容もよく、取引先との関係も良好で、何度かミーティングを重ねた後、投資寸前まで漕ぎ着けました。最後のツメとして経営者の略歴について調べていたときのことです。B社社長はX大学工学部卒と公言していたのですが、X大学の名簿を調べたり、大学側に問い合わせても、B社社長の名前が出てこないのです。そういえば、それまでも雑談の中で大学時代の話を聞くと、アヤフヤというか、首尾が一貫していないことが何度かありました。

略歴詐称は「サギ師」の古典的な手口です。「これはおかしい」と、われわれは最悪の事態を想定しながら、B社社長に事の真偽を直接聞いてみると、卒業ではなく中退とのこと。「中退ということがバレると投資してくれないのではと考えていた」というのがB社社長の言い訳でした。

もちろん、われわれは略歴がどうあれ、その企業や経営者がホンモノかどうかで投資判断をします。B社のケースは「可愛らしい」ケースで、「今後はどんな小さなことでもウソはつかないように」と言い含め、Ｂ社社長も反省したので、結局、投資することにしました。

困ったことがあっても決して嘘はつかず、むしろ胸襟を開いてわれわれに積極的に相談してもらったほうが、結局は会社も良い方向に動くでしょう。

POINT 3 こちらから尋ねないと、自分に不都合な話には触れない

取引先との関係はどうか、技術開発の進行はどうなっている——。われわれが投資を行うにあたって判断材料にすべきことは山のようにありますが、スモール企業であるベンチャーが、すべてのチェック項目で満点ということはあり得ません。われわれが投資先について色々調べるのは、弱点を発見して早期に克服し、ＩＰＯをするさいには市場の信認を確固たるものにするためです。弱点をＩＰＯ寸前まで隠すことができたとしても、後で露見すれば、市場の信認は一気に崩れ、信用を失ってしまいます。われわれはベンチャー企業のパートナーなのですから、不都合なことでも積極的に明かしてほしいものです。

東京近郊の技術系ベンチャーＣ社でのことですが、技術は優秀で、引き合いも強く一見、

問題はなさそうでした。面会するたびにC社社長は「東芝や松下からも引き合いがあって、もうすぐ商談が成立しそうだ」といつも自信満々。ウラを取ってみると、確かに東芝などに営業に出向いているし、評判も悪くはないということで、われわれも安心していました。

しかし、肝心の商談はいつも「成立寸前」で成約がなかなか出てこない。よくよく調べてみると、コア技術はしっかりしているものの、マーケティングが弱く、アプリケーションへの適用がうまくいっていないということが判明しました。われわれがその点についてC社社長に尋ねると、「実は……」ということに。ライバルが多い業界でしたので、C社の早期の立て直しが必要だったのですが、そうこうしているうちに生命線のコア技術力がライバルに抜かれてしまい、C社の技術は陳腐化してしまいました。もっと早期に、弱点について相談してくれたらと、非常に残念なケースでした。

POINT 4 競争相手をけなし、取引先に敬意を払わない言動が目立つ

「ワンマン・オーナー」が君臨するベンチャー企業に多く見られる事例といえるでしょう。経営者は自信を持つべきではあります。が、周囲を見下す態度をことさらとるべきで

はありません。唯我独尊でやっていても、企業というものは必ず何かしらの「業界」に所属しているもの。確かに業界他社はライバルであり、負けてはならない競争相手ではありますが、協力して業界を一緒に盛り上げていくべき「仲間」でもあります。仲間をけなしてばかりいては、有益な情報が入ってこないのは間違いありません。

ある地方の焼肉チェーン店ベンチャーD社のケースです。われわれがオーナー社長を訪問すると、自社の近況を差し置いて、まず始まるのが同業他社の悪口。二〇分も三〇分も延々と聞かされ続けました。同業の集まりでも同じ態度だったのでしょう、業界でのD社社長の評判は散々なものでした。経営が順調なうちは「変わり者の社長」ということで済ませられるかもしれません。が、焼肉業界が例のＢＳＥ（狂牛病）騒動でピンチに陥ったときのことです。他社は協力して啓蒙活動やセールを展開していたのに、もともと孤立していたD社は当然のことながら仲間はずれにされ、立ち直るきっかけがなかなかつかめませんでした。

反対に同業者との関係がうまくいってる経営者ほど、窮地のときに相談し合ったり、助け合える同業の仲間がいて、逆境に強いものです。

取引先に対する悪口はいうまでもないでしょう。陰でこそこそ言っていることは、必ずいつか相手に伝わるものです。取引先に敬意を払わないのは、自社の経営を自ら痛めているのも同然のことなのです。

協調性のない経営者、言っていいことと悪いことの区別がつかない経営者は、自滅する可能性があるとして、ベンチャー・キャピタルから要注意マークがつけられます。

POINT 5 有名人と付き合ったり、マスコミに取り上げられることを好む

斬新なアイデア、先取の技術を開発したベンチャー経営者は世間の注目を集め、一定の成功を収めた後はマスコミからの取材要請が殺到するでしょう。しかし、失敗は得意のときにありと言いますが、いかに自分が有名になろうとも、勘違いをしてはなりません。経営者は日々、経営と格闘すべき存在であり、マスコミへの露出を競う「芸能人」ではないのです。ある程度の知名度は必要ですが、ほどほどにすべきで、やりすぎると墓穴を掘ることになります。

全国レベルで有名だった環境関連ベンチャーの経営者Qさんは、人柄がよいことでも通っていました。だからなのでしょう、「スター経営者」のQさんは経済誌だろうと女性誌

だろうと、マスコミ取材のほぼすべてに応じ、あるいは全国津々浦々の商工会議所の講演会などでも引っ張りダコでした。おそらく、性格的に断りきれなかったのだと思いますが……。しかし、その結果、起きたことはまさに悲劇でした。

半ば芸能人と化していたQさんの手帳は、朝から晩まで取材や講演の予定でびっしり埋まり、落ち着いて経営を見る時間がすっかりなくなっていました。ある日、Qさんが自社の「架空売り上げ」の事実に気づいたときは、もはや手遅れでした。なんとかリカバリーしようと粉飾し続けているうちに泥沼に入り込み、ついには会社を清算しなければならなくなったのです。

おそらく、有名人になってしまった社長の体面を取り繕うために、周囲のスタッフが決算操作に走ったのが発端なのでしょう。悪意はなかったのかもしれませんが、市場の信頼を決定的に裏切ったことには違いはありません。

成功した暁には、いわゆる上流階級との付き合いや、有名人との付き合いが増えるでしょう。しかし、そこそこの付き合いは会社の評判を上げることに役立ちますが、経営が見えなくなるほど深みにはまるのは絶対に禁物です。社長のプライベートな有名人人脈から持ち込まれた本業とは無関係な投資案件で苦労したケースもよく聞かれます。

POINT 6

社内にしっかりした相談相手がいないし、社長の前では何も言えない役員ばかり

経営基盤がまだ安定していないベンチャー企業に、トップの強いリーダーシップは必要不可欠です。しかし、本田技研の本田宗一郎―藤沢武夫の名コンビのように、往々にして成功したベンチャー経営者の裏には、しっかりした「補佐官」がついているものです。基本的にベンチャー経営者は、「俺についてこい」タイプのワンマンであるべきですが、決断するまでのプロセスでは信頼すべき補佐官の意見を十分に聞く態勢がなければ、バランスがとれた経営判断はし難いものです。

東京近郊のF社の社長Xさんは、われわれとコンタクトした当初は謙虚な、バランスのとれた経営者と思われました。しかし、社業が順調に進み、一定程度の成功を収めて自信を持ち始めると、われわれに対する態度も徐々に変化してきました。最初は、Xさんはわれわれのほうに出向いて来られていたのですが、「会社に来てよ」に変わり、挙句には「オイ、来い」に。

それが、われわれに対してだけなら問題ないかもしれませんが、社内でも同じような態度だったのは間違いありません。最初は謙虚だった社長が、人間が変わって、絶対的なワ

ンマン・オーナーになってしまった。こうなると、もう誰も諫言する「補佐官」はいなくなり、活気のあった社内は社長の顔色ばかりを窺うヒラメ役員・社員の集団に堕落してしまいました。そのうち陰で出てくるのは、社長の悪口……。恐怖政治で一見、社内の統率は取れているように見えるかもしれませんが、内実はバラバラで、人心は社長から離反していき内部崩壊を起こしかねません。

結局、F社では有能な技術者、スタッフがごっそり退社してしまい、今日ではかつての勢いは見る影もありません。

POINT 7

社屋、社長室、社長車が不相応に立派であり、秘書が美人揃い

これは会社の私物化の危険な兆候といえるでしょう。社屋を立派にし、社長室を飾り立て、超高級外車を乗り回して、美人秘書を周囲にはべらす。これで、投資家や取引先が喜ぶはずがありません。

業界では有名な中部地区の技術系有力ベンチャーG社社長のPさんは根っからの技術者で、寝食を忘れて技術開発に没頭し、成功をおさめました。しかし、IPOを果たして、

巨額の創業者利益を得てからは、人が変わったように「浪費」に走り始めました。まず、自宅をお城のような豪邸に新築し、社屋も豪華なビルに移り、社長車をピカピカの高級外車に買い替えました。社長室はイタリアから直接買い付けた重厚なインテリアで飾りつけ、ついでにいえば出張と称しては週に何度も東京に来られ、銀座界隈ではすっかり有名な「社長さん」になりました。後から聞けば、韓国に「別宅」もあったようです。

このように社長が遊び呆けていて経営がうまくいくはずがありません。無軌道な投資や多角化といった放漫経営で大赤字となり、せっかく本業はうまくいっていたのに、会社は解体の憂き目に。Pさんは一夜にして豪邸も高級外車もすべての財産を失ってしまったのです。

史上空前の粉飾事件で世界を騒がせ、いまは法廷の場に次々と駆り出されている米エンロンの役員連も「優雅な社内ライフ」を送っていました。「メザシ」の土光敏夫さんではありませんが、本物の経営者というものは実質重視で、決して華美に走ったりしないものです。

POINT 8

社長の報酬が他の役員に比べて多すぎる

内政干渉になってしまいますが、ベンチャーキャピタルにとってこれは相当なチェック項目です。たとえばわれわれが二億円投資するとして、社長の報酬が五〇〇〇万円だった場合、会社に投資しているつもりが、実際には投資額の四分の一が社長のポケットに消えてしまう計算になります。ベンチャーキャピタルからすれば、投資額の四分の一がいわばムダ金と化すわけで、バカバカしいというのが本音です。社長の報酬額が高すぎると判断した場合、ＮＩＦでは例外なく「拒否」の投資判断を下します。

東海地方の技術系ベンチャーＨ社のＰ社長の当初の報酬はそれほど高くはありませんでした。むしろ「手弁当」の形で、自分よりも技術者を厚遇している立派なベンチャー経営者で、社内も活気にあふれていました。しかし、ＩＰＯ前後に銀行出身者を財務の最高責任者に据えてから、おかしくなり始めました。社長報酬をグンと引き上げたからです。「公開会社にふさわしい額に」というのが銀行ＯＢの財務責任者の弁でしたが、社長報酬を上げるのは、自分の報酬をアップさせたいがための方便であることがミエミエでした。まだこれからというベンチャー企業で、たとえば社長の報酬は三〇〇〇万円、技術者は七

○○万円では、技術者にヤル気が起きるものでしょうか。
H社では結局、有力な技術者が他社に引き抜かれ、業績も急降下してしまいました。元凶を作った先の財務責任者は経営がおかしくなり始めると、そそくさと退職し、濡れ手に粟で退職金も手にしたようです。

また、別のベンチャー企業の例ですが、われわれが投資する前は、社長報酬もそれほど高くはなかったのですが、なんと投資後に定款を変えて、報酬額を急激に上げた会社がありました。投資の前提条件がまったく変わってしまったわけで、われわれからすれば騙されたようなものです。それ以降、社長の様子も段々と華美になってきて、不安を感じたわれわれは改めて検証しなおし、最終的には株の買い取りを請求、つまり投資引き上げを決断した事例もあります。

賢いベンチャー経営者であるならば、ストックオプションで、成功報酬は将来にとっておくべきです。そもそも会社が成長するための経営資源であるキャッシュを社長が率先して懐にするのはまさに本末転倒なのです。

POINT 9 会社の経費で、社長の趣味にそった調度品や美術工芸品を集めている

　そもそもベンチャー企業に一流ホテルのようなきらびやかなインテリアや装飾品が必要なのでしょうか。社長がポケットマネーで収集しているのならまだしもですが、会社経費でとなると、経営資源の無駄遣いにすぎません。まっとうな資源分配の感覚が麻痺している経営者は信用されないことはいうまでもないでしょう。

　東京近郊のサービス業系ベンチャーI社の社長室はなんとも独特なインテリアでした。室内の壁一面に竹があしらわれ、高級そうな青磁の皿や多宝塔がいくつも飾り付けられ、まるでどこかの「迎賓館」のゲストルームかと見間違うほど。表向き、社業は順調で、われわれもいったんは投資することに傾きかけましたが、どうにも社長に信用がおけないため、結局は見送ることになりました。投資案件としては好条件で、非常に残念だったのですが、後になってI社社長には社会不正義の人脈が食い込んでいることが判明することに。投資見送りの判断の正しさに、われわれは胸を撫で下ろすということがありました。

　量販最大手・ビックカメラの新井隆司社長はしばらく社長室さえ持っておらず、社員が仕事をしている大部屋の片隅にスチールの机と椅子を並べているだけでした。こうでなく

てはなりません。ベンチャー経営者が現場に出ずに、豪華に飾り立てた社長室に引きこもっていては、社業が傾くのは間違いありません。

POINT 10 技術に没頭してしまい、製造および販売に確固たる信念を持たない

技術畑のベンチャー経営者によくあるケースです。そもそも技術者に製造や販売をやれといっても無理な話。どんなに優れた技術であっても、相手を説得し、営業しなければ世の中に普及しません。製造・販売が不得意なら、外部から頼れる右腕を招聘すべきでしょう。

かつてバーコードにとって代わる技術を開発したJ社というベンチャー企業がありました。技術者仲間数人で立ち上げた会社で、確かに凌駕するものがありました。流通業などからも注目され、われわれも投資することに踏み切りました。

しかし、優れた頭脳集団ではありましたが、肝心の営業責任者、マーケティング責任者がまったくの不在。ベンチャーキャピタルから集めた資金でロンドンやニューヨークなどに海外拠点をつくりましたが、開店休業状態で、一向に販売が進みません。そのうち起きたのが仲間内で責任を押し付けあうお決まりの内紛。会社は機能不全に陥り、結局、その

会社は技術を売却して清算され、仲間や財産も人間関係もすべて失ってしまいました。

いかに素晴らしい技術であっても売れなければ、ウドの大木です。技術への過信は失敗の元と言わざるを得ません。

POINT 11
同族で経営陣を固めている

仲良くやるのは結構なことですが、そのうち経営に緊張感がなくなり、馴れ合いに堕落する可能性がきわめて高いです。また、従業員の立場になって考えれば、同族でなければ経営陣に入り込めないわけで、将来の望みがもてません。まして後継者があまり出来のよくない社長の息子だとしたら、従業員は社長についてこなくなるでしょう。

同族経営の弊害の事例は多いので、ここでは逆に同族経営を断っている例を紹介しましょう。たとえば、モーターで世界トップの日本電産の永守重信社長です。CSKの故・大川功会長もそうでした。これらの企業が起業草創の家内工業から出発し、大成功を収めたのは、同族経営を厳しく排し、経営に緊張感を追求してきたことが功を奏したのではないでしょうか。

気心の知れた同族経営のメリットをすべて否定するものではありませんが、同族以外の従業員は「使用人」という感覚では大成は望むべくもありません。

POINT 12 社長は高齢なのに後継者が明確でない

いつまでも現役で張り切っていらっしゃるのは結構なことですが、後継者が明確でないのは最大の経営リスク要因といわざるを得ません。会社のすべてを取り仕切っているワンマン社長がある日、突然亡くなったりしたら、経営は混乱をきたすのは間違いありません。これは高齢社長に限らず、若手であっても同じことです。事故に巻き込まれることもあり得ますし、大病が発覚することも考えられます。

企業は永続せねばなりません。万が一、自分がいなくなっても大丈夫なように、常日頃からしっかりしたブレーンをつくっておくべきでしょう。また。グループマネージャー制度を導入するなど、社長不在にも耐えられるようシステムで補完する方策をとるべきです。社長一代で会社も終わりでは、安心して投資することはできません。

POINT 13 重要な業務に関する数値が即座に答えられない

これは説明の余地がないほど当たり前の話です。今期の売り上げはどうなるか、粗利はどうなのか、販売管理費の動向はどうなのか、たとえばこうしたきわめて基礎的な経営データすら頭に入っていない経営者が時折いらっしゃいますが、こうしたベンチャーはまず成功は望めません。

これも技術系ベンチャーのH社のケースですが、同社の技術者出身社長の技術開発の説明は立て板に水のごとしなのですが、経営データについて尋ねると、途端にしどろもどろに。調べてみると社内はムダ、ムリ、ムラのオンパレードで、すっかり肥大化していることが判明し、即座にリストラに踏み切る必要に迫られました。

社長は経営データを把握していないということは、社内を掌握していないということです。組織というものは日々、厳しく叩かなければ、肥大化する一方。月次決算は当たり前ですが、ウィークリーあるいはデイリーで経営数字を把握していなければ、とても経営の舵をとることはできないでしょう。

POINT 14

経営理念が明白でないし、日常業務の推移を見て危険な兆候を知る感度が鈍そうだ

経営理念とは、ある意味、きれい事にすぎないかもしれません。が、経営者は永遠ではなく、会社は永続させなければなりません。一本、筋の通った「志」を経営理念として掲げることは、組織内部のＤＮＡとして流れ続け、会社を強靭なものにします。決して無駄なことはないのです。

「浮利を追わず」とは住友グループの経営理念の一つですが、何か問題があったとき、判断に苦しんだときの指針として、いまも住友グループ各社に息づいています。経営の原点をわかりやすい言葉で示すことは、後進の羅針盤として機能するはずです。

逆に「黙ってオレについて来い」でもいいのですが、仮に社長が亡くなったりした場合、その会社は何についていけばよいのでしょうか。経営理念は組織のアイデンティティでもあるのです。

また、いつも社長から具体的な指示がなく「頑張れ、頑張れ」だけでは困りもの。こうした社長は大抵の場合、日常業務を正確に把握していないことが往々にしてあります。少なくとも、専務や常務がやっていること、把握している事柄については、社長は正確につ

かんでおくべきです。

都内のサービス系ベンチャーJ社が不況で苦しんでいたときのことです。経理担当役員が資金繰りについて社長に相談し、指示を仰いでも、口から出てくるのは「頑張れ」だけ。困った経理担当役員はつい高金利の借入金を起こして、結局、それが命取りになってしまいました。

この場合、経理担当役員だけを責めることはできません。日常業務を正確に把握しようとしてこなかった経営者の責任が重いのです。

俗に「ホウ（報告）、レン（連絡）、ソウ（相談）」と言われますが、役員や幹部社員から密に情報を収集している経営者はほぼ問題がないようです。この場合、ザックバランな雰囲気をつくるなど、「ホウレンソウ」をしやすいムードづくりをすることも大切なことです。

POINT 15
過去四～五年の間に二～三の会社を倒産させている

この場合、会社を倒産させている事実が問題なのではありません。われわれが重要視するのはその「内容」です。

一生懸命、トライしたけれども環境が悪く、挫折してしまい、いままた復活を賭けてリトライしようとする経営者については、われわれは積極的に応援します。俗にベンチャーは「千三つ」と言われるほど、一部の人しか成功しない難しい事業なのです。一回、失敗したからといって、絶望することはありません。

しかし、なかには「計画倒産」で味をしめて、二匹目のドジョウを狙う輩も少なくありません。そうした「ペテン師」はたいてい、同じ手口を繰り返して使うので、気をつけてさえいれば問題はありません。名前を変えたり、略歴を偽ったり、彼らも手練手管を駆使して騙しにかかりますが、必ず過去の痕跡を発見できる体制をわれわれは整備しています。こうした連中は徹底的に排除しなければなりません。

繰り返しますが、過去に会社を倒産させたことがあっても、われわれに正直にお話しください。倒産イコール経営者失格ではないのです。逆に妙に隠そうとしても必ず後で判明します。過去の傷でも、むしろ、率直に打ち明けていただいたほうが好感が持てるものです。

POINT 16

新しいアイデアの商品開発に次から次へと飛びつく

他人の芝生はよく見えるものです。だからといってどれもこれも、何でも飛びつく八方美人になることは戒めなければなりません。二兎を追うもの一兎も得ずで、方々に手を広げ過ぎると、「何をやっている会社なのか」ということになってしまいます。

いうまでもなく、安易な多角化や無軌道な商品開発は、それだけ経営リスク要因を抱え込むことに通じます。かつてのバブル経済時代、「財テクをやらない会社はバカだ」と極言さえされ、本業そっちのけに、株だ土地だと血眼になる経営者がいかに多かったことか。日本全体が狂っていたとしかいいようがありません。バブルが弾けて、せっかく優れた技術とスタッフを抱えていた会社でも、バブルのせいで潰れてしまった事例をわれわれはいくつも見聞してきました。

センサー開発のベンチャーM社は、技術者出身社長の「浮気性」で、せっかくの技術が埋もれてしまっている典型的な事例です。

同社のコア技術は業界で高評価され、大企業からも興味を持たれているのですが、アプリケーションが完成し、成果物として商品化される前に、社長が次から次へと新しい技術開発をやり始めるため、あと一歩というところでいつも陽の目を見ないのです。社長の技術者としてのセンスや感覚は優れたものがあるとわれわれも認めていますが、ベネフィットが二の次では経営者として及第点はつけられません。何か一つでいいからきちんと商品化されていればと歯がゆい気持ちながら、その社長とのお付き合いはいまも続いていますが……。

POINT 17 天下国家の話や、超常的な話が多すぎる

経営者として国の政策を意識することは重要なことですが、度が過ぎてはいけません。面談していると、経営の話から徐々にそれて、いつの間にか天下国家論について本気になってまくしたてる経営者がいますが、経営者としての本分を見失うと、とんでもない難題を抱え込んでしまうことが少なくありません。

東北地方のITベンチャーN社のR社長はその地方で将来を嘱望される若手経営者の代表でした。県も「東北発ITベンチャー」ということでN社に大いに期待し、売り上げが一億円いくかいかないかという会社設立間もないときから助成金をつけたり、県の広報誌

で知事と対談させたりと、持て囃していました。政治家もR社長に擦り寄ってきて、資金集めパーティに駆り出されることもたびたびでした。

N社は、その地方だけでみれば確かに先進的な会社ではありましたが、ライバルがひしめき合う東京から見れば、そう大した技術を持っているわけでもなかったのです。しかし、知事や政治家との付き合いが深まって、R社長も勘違いしてしまったのか、自社の経営を差し置いて、地方経済をどうするか、国の政策はどうあるべきか、そうした大きな話を好んですることが多くなってきました。聞いてみると、政治家主宰のさまざまな勉強会にも連日のごとく、熱心に顔を出しているとのこと。成長期のいまこそ社長は寝食を忘れて経営に打ち込まなければならないときに、「政治道楽」に現を抜かしているわけですから、経営が苦境に陥るのは当然でした。そうなると周りでチヤホヤしていた政治家は、手を差し伸べるどころか、蜘蛛の子を散らすようにN社長から離れていったのはいうまでもありません。

POINT 18

学校時代の友人や、同郷の者を意味もなく経営陣に加える

能力があれば構わないのですが、「意味もなく」会社に友だちを入れるのは問題です。

「頼むよ」といわれて引き受けるお人好しでは経営者は務まりません。むしろ、「泣いて馬謖を切る」でなければ経営などうまくいきません。次に述べる「義理、人情の取引がある」と同様に、意味もなく社長の友だちを引き入れることは社内にモラルハザードをもたらします。

POINT 19 義理、人情の取引がある

たとえば社長が義理を立てるため、他社よりみすみす高いのを承知で仕入れる、ということがあてはまります。

それが一回きりなら、従業員も「しょうがない」となりますが、二度三度と続けばどうなるでしょうか……。

関東地方の技術系ベンチャーO社は堅実経営の社風で、われわれも安心して見ていました。ところがある日、素材メーカーに勤める社長の学生時代の先輩がひょっこり尋ねてきて、「助けてくれ、買ってくれ」と懇願してきたそうです。緊急に必要な材料でもないし、値段を聞くと明らかに同業より高いわけです。が、社長は世話になった先輩のお願いを断

りきれずに一回きりのスポットのつもりで買い入れることにしました。が、不況で困り果てていた先輩はその後もたびたび訪ねてきては、「頼む、頼む」と頭を床に擦りつけんばかりにすっかり頼ってくるようになりました。幸い、O社の経営は順調でしたので渋々、先輩との付き合いを続けていました。

ところがある日、社長が経費について点検してみると、異常な増え方をしていることがわかりました。先輩への義理の取引だけでそれほど増えるはずはありません。調べてみると、社内の各部署で各社員が社長を「見習って」親戚や友だち、知人など個人的に義理があるところと新たに取引をしていることがわかりました。社長に義理があるように、社員それぞれにも義理があるのです。モラルハザードを「率先垂範」してしまった社長の責任は重いといわざるを得ません。

さっそく社長は先輩との付き合いを泣く泣く断って、社内の引き締めに乗り出し、どうにか事なきを得ることができました。しかし、良かれと思って温情をかけてしまったために、結果、社長は先輩を切り、社員も親戚、友だちを切らざるを得なくなったわけですから、失ったものは大きいと社長はしみじみ述懐していたことが印象に残っています。

POINT 20

最初に井戸を掘った人を大切にしないで、自分の手柄話をする

「最初に井戸を掘った人は忘れない」とは一九七二年九月の日中国交正常化の折、周恩来総理が戦後国交が正常化されていなかった二七年間に、地道ながら関係正常化に尽力してきた政財界をはじめ各界の人々、七〇年代初頭の直接国交正常化交渉にかかわり、その実現に大きな貢献をなした人々を厚く讃えるために使った言葉です。周恩来総理は戦後から国交正常化に汗を流した人々を「古い井戸掘り人」、国交正常化にかかわった人々を「新しい井戸掘り人」と表現し、「われわれは新しく井戸を掘った人々だけでなく、古くから井戸を掘った人々のことを忘れない」とも強調していました。

ベンチャー経営者でもある程度、成功を収め、それなりの地位や財産を持つと、途端に周囲に対して「頭が高い」とばかりに人間が豹変してしまう人がいます。苦しいときに受けた恩義や、資金もない草創期に手弁当で開発に汗した技術者の苦労など知らぬ存ぜずで、あたかも全部、自力でやってきたかのように広言するのです。傍で見ていて実にいやなものです。

しかし、経営には必ず浮き沈みがつきもの。また苦しくなったとき、「井戸を掘った人」

のことを忘れた経営者のことを今度は誰も助けてくれないでしょう。

京セラ創業者の稲盛和夫さんは、会社草創のときから京セラにほれ込み、助力を惜しまなかったある証券会社の京都支店長との付き合いを、ずっと大事にされてきたそうです。社会的地位、信用は二人が出会った頃といまでは、比べるまでもなく大逆転していることはいうまでもありません。それでも過去の恩義を忘れず、大事にしていく。こうでなければ人間として尊敬されないでしょうし、「社長のためなら」と意気に感じる社員も育たないでしょう。

POINT 21 監査法人のショート・レビューを受けたがらない

監査法人のショート・レビューとは、われわれが最終的な投資判断を下す直前に企業会計のプロである監査法人から三日間あるいは一日、集中的に会社決算を調べてもらう詰めの作業のことです。

われわれも企業会計に通じていますが、やはりその道のプロが見れば、われわれが気づかない点を指摘してくれることが往々にしてあり、ＮＩＦではショート・レビューを必要不可欠の判断材料と位置づけています。

しかし、このショート・レビューを嫌がる経営者が時折います。ショート・レビューをあくまでも拒否するベンチャー企業への投資は断念せざるを得ませんが、拒否しないまでも嫌がる経営者は、それだけで黄信号。その後の作業は慎重の上に慎重を期すことを徹底しています。企業会計を丸裸にされることを拒否したり、嫌がるというのは、何か意図的に不都合なものを隠している証拠だからです。正々堂々と経営をしていれば、監査法人のショート・レビューなど平気なはずです。

都内近郊のITベンチャーのL社は、われわれの目から見て業務内容も企業会計も問題はなく、投資を実行する方向でほぼ固まっていました。様子が変わったのはショート・レビューの件を切り出してからです。あくまでもショート・レビュー回避でL社は突っぱねるのです。担当者はそのまま断念するのは惜しい案件でしたので、その後も粘り強く交渉を進めましたが、とうとうL社の態度は変わらず、交渉は決裂してしまいました。L社はショート・レビューを必要としない他のベンチャー・キャピタルからの投資を受けることができたようですが、二〜三年後に様子を聞いてみると、結局、筋の悪い融資案件があり、そのせいで期待されていたほど成長していないとのことでした。

POINT 22 約束の時間に充分な理由もなく、三〇分以上遅れる

人間はみな平等な時間軸で活動しているわけですから、時間を守るということは最低限のマナーです。時間を守れないのは、経営者として云々する以前に、基本的に信用されません。

都内の技術系ベンチャーS社の社長・Jさんは人当たりはいいのですが、どうにも時間にルーズでした。われわれとのミーティングにも平気で遅れてくることがしょっちゅうだったのです。これだけならまだ笑って済ませられますが、一事が万事、約束事を守ってくれないのですから、とうとうわれわれもサジを投げ出してしまうことになりました。たとえば、前回のミーティングのときにリクエストした資料をつくってこない、調べてもらうようリクエストした事項について何もやらない――。これでは投資を検討しようにも、何もできません。また取引先にも同じような態度なのかと想像すると、会社の将来を危惧し、残念ながら、Jさんにはついにお引取り願うことにしました。

最低限、時間については厳し過ぎるほど厳しく臨めば信用力はそれだけでアップするでしょうし、逆に時間を守れない人は損をすると肝に銘じるべきでしょう。

POINT 23

社長の居所がチョクチョク不明

たとえば折悪しく社長が不在のときに挨拶に出向いて、「社長はいつごろ戻られますか」と秘書の方に聞き、「さぁ……」という返答が返ってくるのは、実に困りものです。いまは携帯電話があるから、二四時間、いつでも連絡がとれるのだとしても、どこに出掛けて何時に帰るか、それを明確にしていない会社はいざ何かあったときのリスク管理が甘いといわざるを得ません。

プライベートなことで外出するのだとしても、場所と帰社時間についてはきちんと言い置くべきです。

都内のソフト制作ベンチャーK社のX社長がまさにそうでした。時折アポなしで挨拶に出向くと、決まって不在で、秘書も行方がつかめていないということがしょっちゅうだったのです。幸い、K社では突発的な事態が起きていないからよいものの、こんなときにトップ判断を仰いで緊急に処理しなければならない案件が持ち上がったらと思うと、ぞっとします。トップがつかの間行方不明だったせいで、事態の収拾がつかず、命取りになってしまうことも考えられるからです。

　そもそも、経営は二四時間、常在戦場であり、一分たりとも経営に空白があれば、負け組みに転落してしまいます。執務時間中に行方不明になる社長は、その器ではないと判断せざるを得ません。

POINT 24 政治家とのお付き合いの度が過ぎる

　会社草創のときから知っているコンテンツ制作ベンチャーW社が主催したあるパーティに出向いて、思わず苦笑してしまう場面がありました。乾杯のときだったでしょうか、壇上に政治家がずらっと居並び、挨拶でマイクを握るたびにみな、「実はわたくし、W社の社長・Zさんとは以前からの無二の親友で……」と口上を述べるのです。

「Zさんはこんなに政治家に無二の親友がいたかなぁ」とこちらは苦笑するばかりでしたが、一方で妙なことにならなければいいが、と思われたものです。

　それなりの成功を収めたベンチャー経営者は、政治家と知り合う機会が増えるでしょうが、あまり深みにはまるのは考えものです。政治家と懇親を深める時間があるならば、取引先を訪問したり、現場を見てほしいと思うのがわれわれの本音です。パーティー券を売り込まれたり、選挙近くなると資金援助の依頼がきたり、あるいは筋の悪い投資案件をもちかけられたりと、政治家からおしつけられた本業とは関係のない雑事の処理に奔走する経営者を何人も見聞してきましたが、果たして貴重な時間を削るほどのことなのでしょうか。

政治家から「無二の親友」と言われている分にはまだいいですが、経営者のほうから「実は政治家の○○さんとわたしは無二の親友で」などと言い始めると、もはや目も当てられません。一般的に政治家との付き合いは、淡い程度にしておくべきでしょう。

第3章

ベンチャー振興の現状

Episode 1

金融庁が進めるリレーションシップバンキングの機能強化

リレーションシップバンキングの役割

「金融再生プログラム」（平成一四年一〇月）および「金融再生プログラム作業工程表」（同一一月）において、中小・地域金融機関（地方銀行、第二地方銀行、信用金庫および信用組合）の不良債権処理については、同プログラムが対象とした主要行とは異なる特性を有する「リレーションシップバンキング」のあり方を、金融審議会で多面的な尺度から検討のうえ、平成十四年度内をメドにアクションプログラムを策定することにしました。

平成一五年三月、これを受けた金融審議会金融分科会第二部会が報告「リレーションシップバンキングの強化に向けて」を発表。この報告はベンチャー企業や中小企業の支援等と深く関わる内容を含んでいます。

「リレーションシップバンキング」とは長期的に継続する取引関係の中から、金融機関が借り手企業の経営者の資質や事業の将来性などについての情報を得て、融資等を実行するビジネスモデルのことです。金融庁監督局銀行第二課の堀本善雄氏はこう説明します。

「市場というのは、いろいろな財務諸表や財務に関する数字を見ながら、投資家が投資をしたり、銀行が融資をしたりします。しかし、リレーションシップバンキングはそれとは違います。小さい商店など財務諸表といったものがない場合、何を見るか。極端な例ですが、銀行の人が渉外で毎日、社長さんに会い、その顔色で経営状態などを判断するといった、なかなか数字には表せない質的なものを見ています。なおかつ、長期的な信頼関係を結んだうえで、融資をしていくのです。中小金融機関、あるいは地域に密着した金融機関はこういった特長を強く持っています。このようなことを前提として、もう一度、銀行や信用金庫、信用組合の経営を新しい視点で考えみようというわけです」

リレーションシップバンキングで定量化されにくい情報、地域の実態に根ざした情報が有効活用されることにより、「地域の中小企業への金融の円滑」、「貸し手、借り手双方の健全性の確保」が図られます。こうしたことから、リレーションシップが中小企業の再生、地域経済の活性化に果たす役割は大きいと思われます。

ベンチャー支援、中小企業再生の取組み

リレーションシップバンキングの現状について、主要な担い手である中小・地域金融機関においては、審査能力等が不十分であったことなどから、取引先や地域経済へのコミットメントのなかで、過大なコストを負担している場合があります。そのため、中小・地域金融機関が地域の中小企業、地域経済に対する円滑な金融を維持していくことが困難な状況も生じており、本来の姿から乖離している面があり、リレーションシップバンキングの機能強化が必要となっています。

「リレーションシップバンキングの機能強化に関するアクションプログラム」では、平成一五～一六年度の二年間を地域金融に関する「集中改善期間」としたうえで、リレーションシップバンキングの機能強化を確実に図る、としています。

アクションプログラムには二つの大きな柱があります。一つは「中小企業金融再生に向けた取組み」であり、もう一つは従来からいわれている、預金者保護等のための「金融機

関の健全性確保、収益性向上等に向けた取組み」です。このうち、ベンチャー企業や中小企業と深く関わっているのが、「中小企業金融再生に向けた取組み」であり、次のような取組みがあります。

●創業・新事業支援機能等の強化
●取引先企業に対する経営相談・支援機能の強化
●早期事業再生に向けた積極的な取組み
●新しい中小企業金融への取組みの強化
●顧客への説明態勢の整備、相談・苦情処理機能の強化
●進捗状況の公表（各金融機関・業界で半期ごとに公表）

進捗状況については、平成一五年三月に報告がなされ、各金融機関は同年八月末までに「リレーションシップバンキングの機能強化計画」を提出。半期ごとに実施状況を当局がフォローアップ、取りまとめて公表することになっています。

「リレーションシップバンキングの機能強化に関するアクションプログラム」は、まだ緒

についたばかりですが、今後の見通しやその成果への期待はどうでしょうか。

「『中小企業金融再生に向けた取組み』という柱を立てて、地域金融機関に本来あるべき姿を明示しました。時間はかかると思いますが、これまでにない新しい方向を確実に目指しており、金融機関の関心も高まっています」と話す堀本氏。リレーションシップバンキングの効果が今後期待できそうです。

Episode 2

経済産業省・文部科学省による大学発ベンチャー振興策のすべて

イ 大学発ベンチャー経営等支援事業とは？

経済産業省では、平成一三年五月に〝平沼プラン〟を発表。今後三年間で大学発ベンチャーを一〇〇〇社とすることを目標として、環境整備を図っていくことを明らかにしました。この目標に向けて、大学の研究成果の事業化支援、大学における実用化のための研究開発支援、起業家人材・専門家人材の育成、その他創業環境の整備等を通じた大学発ベンチャーの創業の加速化に向けた総合的な推進に取り組んでいます。

優れた技術を有するものの、経営面でのノウハウに欠けがちな大学の研究開発等を出発点とする〝大学発ベンチャー〟を志す研究者・ポスドク学生等。そこで、大学発ベンチャーの創業準備期および創業初期の経営面でのリスクを軽減しようと、経営・財務・法務の専門家を派遣することによる経営等の支援サービス事業を行うために設けられたのが、「大学発ベンチャー経営等支援事業」です。経済産業省が補助を行い、実施は㈳発明協会が行っています。

経済産業省産業技術環境局大学連携推進課TLO担当の谷治和文氏はこう話します。

「大学発ベンチャー経営等支援事業とは、簡単に言うと、大学発ベンチャーを起こそうとしている人に対してアドバイスをするために専門家を派遣する事業のことです。この専門家とは、弁護士や公認会計士、税理士、中小企業診断士、弁理士など公的資格の所有者やベンチャー企業を起業した経験のある人、ベンチャー企業においていろいろな経験を積んだ人など、ベンチャーの知識にたけている人です。そういう人を集め、ニーズがあったときには、そのニーズに合った人を派遣するわけです」

㈳発明協会で大学等に派遣する専門家を募集。面接試験ではベンチャー企業に関する細かい質問をしてその知識を確認し、また、ベンチャーに対して支援していこうという意欲も重視します。倍率は三倍くらい。応募者はTLO（技術移転機関）などの推薦を受けてくる人が多いがフリーの人もいます。

経営・財務・法務の専門的なアドバイス

この大学発ベンチャー経営等支援事業の対象となる〝大学発ベンチャーの要件〟は、次の①または②を満たすベンチャーであって、創業準備期（法人化前）または創業初期（法人化後）にあるものです。

①大学等または大学等の教員等が所有する特許に基づいて起業（特許技術活用型）

②大学等で達成された特許以外の研究成果または修得した技術等に基づいて起業（特許以外による研究成果活用型）

「これからベンチャー企業を設立したいという所ばかりでなく、設立後まもない企業にも派遣しています。起業はしたものの、この先どうしたらいいかわからないというケースがけっこうあるのですね。そういうときには、派遣された専門家がビジネスプランを立てるためのアドバイスをしたりします」（前出の谷治氏）

なお、専門家の相談・指導内容については次の通りであり、専門家派遣の経費は無料。㈳発明協会で負担しています。

①経営（事業化計画、経営戦略、技術指導、営業戦略、市場分析、知財戦略、人事管理等）

②財務（収支計画、経理処理、税務処理、資金調達、投資戦略等）
③法務（企業設立に係る法務全般、企業内諸規程の整備、各種契約の確認、相談、指導等）
この経営等支援事業では、すでに成功事例がいくつか出ているが、「始まったばかりでまだ知名度が低い」（谷治氏）とのことで、さらなる利用者の増加を希望しています。

大学発ベンチャー創業加速化の総合的推進

経済産業省の大学発ベンチャー創業加速化に向けた主要な施策として、「大学技術の起業化支援」、「技術実用化のための研究開発支援」、「起業家人材・専門家人材の育成」、「大学発ベンチャーの創業環境整備」があり、総合的な推進を行っています。「大学発ベンチャー経営等支援事業」は、「大学技術の起業化支援」の中の一つなのですが、それらの施策について見ていきましょう。

(1)大学技術の起業化支援

①マッチング方式を活用した実用化研究開発等＝大学の研究成果を活用した事業化、新

市場創出に向けた研究開発を活性化させるため、マッチング方式を活用。企業と大学等が連携して行う研究成果の事業化可能性探索のための実証化研究・開発を促進します。

これには「大学発事業創出実用化研究開発事業」があり、既存企業やベンチャー企業がTLOに研究費等を出費。TLOは大学等に研究費を提供し、大学で生まれた研究成果はTLOが管理します。その成果は、お金を出したベンチャー企業等に優先的に利用許諾を与えられます。また、TLOは研究等に関する申請書の作成や研究スケジュールの管理を行い、さらに企業と大学のまとめ役も務めます。企業と大学の両者は直接に接触するのではなく、TLOを通してコミュニケーションをとることで、企業と大学がダイレクトにやっていくよりも、チームワークがとれてうまくいくのです。

②インキュベーション機能の充実＝専門家の派遣による大学発ベンチャー等に対する経営・技術面での支援を行うとともに、広域的な産学官の人的ネットワークを形成。世界に通用するような企業・産業の創出を図る支援機関や、大学発ベンチャーを始めとする先端的、先進的分野における新事業の育成を図るビジネス・インキュベーション機関に対して支援を行います。

これには「大学発ベンチャー経営等支援事業」、「広域的新事業支援ネットワーク等補助」、

「インキュベーション・マネジャー養成等研修事業」があります。
③技術移転機能の拡充＝大学等の研究成果を産業界へ移転するＴＬＯの整備促進を図る。「ＴＬＯの整備促進」があります。
④インキュベーションのためのスペース確保＝大学ベンチャー等に対するインキュベーション事業を行うための施設を整備する。「新事業支援施設等整備事業（地域振興整備公団出資）」、「インキュベータ等共同利用機器等の導入費補助」があります。

(2)技術実用化のための研究開発支援

①民間における研究開発の活発化＝新たな事業化、市場創出に向けた研究開発活動の活性化を促進。国内産業の競争力を維持していくために、民間企業では実施しにくい基盤的段階および実用化に向けた実証化段階の研究開発に重点をおいて、競争的資金を抜本的に拡充する。「戦略的産業技術実用化開発補助事業」、「創造技術研究開発事業」があります。
②地域における科学技術の振興＝地域において新産業・新事業を創出し、地域経済の活性化を促進。そのため、大学等の技術シーズを活用した地域における産学官共同体制の下での技術開発や、中堅・中小企業による新分野進出やベンチャー企業による新規創業とい

った多大なリスクを伴う事業のスタートアップに係る実用化技術開発等を支援します。「地域新生コンソーシアム研究開発事業」、「新規産業創造技術開発費補助事業」があります。

(3)起業家人材・専門家人材の育成

①次世代を担う若手の人材育成・活躍の場の提供＝大学発ベンチャーの創業や将来のイノベーション創出等を担う企業経営や技術経営等の専門的知識や実践的能力を兼ね備えた専門家を育成。同時に〝産〟と〝学〟との間の人的交流の拡大による研究の活性化を図るため、研究人材の流動化を促進するための環境整備を行います。

これには「イノベーション人材養成事業」、「起業家育成プログラム導入促進事業」、「起業家教育促進事業」、「インキュベーション・マネジャー養成等研修事業」、「産業技術フェローシップ事業」があります。

②継続的な能力開発の支援＝わが国の技術者が専門分野・所属組織（産学官）を超えて、生涯にわたって能力開発や自己啓発を行うための環境を整備します。「技術者継続的能力開発支援事業」があります。

③教育サービスに対する民間第三者による外部評価システムの構築＝民間第三者による外部評価システムの導入を促進。大学自身による教育・研究に対する創意工夫の発揮、教育・研究活動の〝質〟の向上を図り、それによって優秀な人材の育成を図ります。「人材育成評価推進事業」があります。

④実践的教育の普及・定着＝産業界と大学等との連携強化による実践的教育の普及を図るため、民間企業等におけるインターンシップの導入促進を図る。「産業技術人材育成インターンシップ推進支援事業」、「産業技術人材育成国際インターンシップ推進支援事業」があります。

(4)大学発ベンチャーの創業環境整備

①大学発ベンチャーの創業に向けた環境整備＝大学等が持つ産業技術シーズ情報で事業化の見込みが高いものを技術評価しつつ収集。同時に事業化に向け、経営人材のマッチングや公認会計士・弁理士等の専門家による起業支援情報の提供などを行う情報ネットワーク等を構築します。「大学等発ベンチャー支援ネットワーク構築事業」があります。

ロ　大学発ベンチャーは定着するか？

大学発ベンチャーに関する記事が、連日のように新聞に登場しています。経済活性化に大きく貢献すると世間からの期待も大きいですが、実際に大学発ベンチャーに関わっていくと、様々な戸惑いと混乱に、しばしば遭遇します。例えば、ある大学の研究者の方から、以下のような質問が寄せられました。「大学から会社を創るようにすすめられているけど、どうしたらいいのでしょうか？」研究者の方が戸惑っている様子を率直に感じさせる問い合わせでありましたが、安易な会社設立は、その後の人生を大きく変えることもありますので、研究内容とご本人の置かれた環境等を確認した上で、会社設立を保留するようアドバイスしました。又、各大学の産学連携関連の部署を訪問していると、様々な要望（またはクレーム？）を賜ります。いくつかの例を紹介しますと……「ベンチャーキャピタルは我々に何をしてくれるのだ。金の話ばかりして。資金の提供以外に提案できることはないのか」「最近、ベンチャーキャピタルやらインキュベーションマネージャーとかが、やたらと学内を引っ掻き回しているけど、正直いって困惑している。産学連携以前の問題が山積しているというのに……」さらには、「多くのベンチャーキャピタルが、有望な大学発ベンチャーがあったら出資するから是非紹介してくれと、いってくる。しかし、いざ紹介すると、市場性はどの程度見込めるかとか、どんな競合会社が存在するかとか、具体的な戦略は何かといった質問ばかりして、何の支援もない。そして挙句の果てに投資を断ってくる。本当にリスクマネーを供給する気があるのか」……等といったところです。

一方、ベンチャーキャピタル等から投資を受けた大学発ベンチャーから、「ベンチャーキャピタルから投資を受け入れたはいいが、投資する前までは、〝一緒に、会社を創り上げ、育てていこう〟という雰囲気だったのに、投資後は、我々の開発進捗のチェックに終始し、予定通りに進捗しないとクレームをつけ、時には役員会で辛辣な発言ばかりする。正直いって不愉快だ。少しは一緒に手足を動かしてくれ、と言いたい」といった話も耳にします。

さらに、投資する立場の側に耳を傾けていると、次のような意見が聞こえてきます。「大学発ベンチャーの創業者となる研究者は、大学の仕事と会社の仕事との間を行き来し、二股をかけている。自分が創業に係わった企業にコミットしているのか」「日本の大学発ベンチャーは、欧米に比べるとかなり見劣りがする。投資したいと思う魅力ある企業が少なすぎる。たまにそのような企業に出くわすと、複数の投資会社の間で競合状態になり、たちどころに株価は上昇してしまう。有頂天になり、時には、傲慢とも思える研究者もいる。まるでひところのＩＴバブルを思い出させる」

また、事業会社やコンサルティング会社、会計・法務・税務サービス会社を中心とした産学連携関係者に至っては、以下のような発言にもしばしば出くわします。

「大学発ベンチャーにとっての一番の課題は、経営を担えるような人材が少ないことだ。経営を担える人材が不足している」「そもそも大学の研究者のようなビジネスを知らない人達が企業化に携わってうまくいくわけがない。大学の研究者や先生は、起業家から最も程遠いところにいる。昨今のブームはそのうち消えうせてしまうだろう」……。

大学側、研究者、ベンチャーキャピタル、産学連携関係者それぞれ言い分や主張もありますし、成る程と考えさせられたり反省させられたりすることもしばしばあります。ただ、大学発ベンチャーが戸惑いと混乱の中にあることは間違いありません。

大学発ベンチャーをブームで終わらせないためには、今、何を認識しなければならないのでしょうか。問題点は何なのでしょうか。これらを明らかにした上で、実効性ある提案と活動を推進して行くことが、この時期、特に重要と考えています。

大学研究者は起業家に向いているのか?

そもそも、大学の研究者は起業家に向いているのでしょうか? 「ビジネスを知らない大学の研究者は起業家には向いていない。大学の研究者がビジネスを立上げることはそもそも無理が伴う」といった意見をしばしば聞きます。また、「大学の研究者は、研究だけに集中し、事業の立上げや会社のマネジメントは別の人がやればいい」という意見もありますが、少なくとも事業がある程度軌道に乗るまでは、中心的な推進者の一人として関わっていく必要があると思います。その意味で、大学の研究者にも、起業家としての資質が要求されるといえるでしょう。では、起業家としての資質が日本の大学研究者に備わっているのでしょうか。

起業家に必要なメンタリティ・行動とは?

今日まで、国内外で起業家精神（アントレプレナーマインド）に関しては、様々な研究がされていますが、有力な研究によれば、起業家精神には、学習・訓練により会得することが困難なメンタリティ・行動と、学習・訓練により体得できるメンタリティ・行動があるといいます。その中で、学習・訓練により体得が困難なメンタリティ・行動の代表例としては、①エネルギー（精神的・肉体的健康、欲求）、②知力（知性、想像力、革新性）、③モチベーション伝達能力（周囲の人を奮起させる力）、があげられます。

はたして大学研究者の方は、これら三つのポイントをどの程度兼ね備えているのでしょうか。

いろいろな大学の研究者の方々と接していますと、これら三つの要素を高いレベルで兼ね備えている方が意外に多いことに気づきます（最も②以外は全く備わっていない人もいらっしゃいますが……）。

まず①についてですが、精神エネルギーは当然として肉体的にも非常にタフな方が少なくありません。特に、医学系研究者の方々の中には、少々の徹夜や食事抜きの研究でも、全く意に介さない人もおられ、平均的なビジネスマンより、体力が勝っているといえます。加えて、多忙であるにもかかわらずスポーツジムに通うなど健康管理にも気を使っている方も少なくありません。②の知力については、ここで改めて指摘するまでもないでしょう。ただ注目すべきことは、自分の専門分野以外の知識についても必要とあれば貪欲に吸収し、平均的なビジネスマンより遥かに速いスピードで理解し、自分のものとしてしまう点です。当たり前といえばそれまでですが、多くの研究者の方は実に勉強熱心です。③のモチベーション伝達能力についても、高いレベルで兼ね備えている人が意外と多く存在します。昨今の研究は、チームで取り組むテーマが多く、チームメンバーのモチベーション維持が研究成果を左右することもありますので、研究者が備えていなければならない資質として、むしろ必携のメンタリティ・行動といえるかもしれません。

以上を総括すると、大学の研究者には、起業家に相応しい基本的な資質を兼ね備えている人が少なくないといえるでしょうか。しかし、大学の研究者が、事業推進者としての旗振り役に徹しきれないことも事実です。事業推進者としてのパートナーがどうしても必要となります。このパートナーに求められる人材像は、一般にいわれているような経営管理者的な資質とも多少なりとも異なるようです。では、いったいどのような資質が必要なのでしょうか。

事業推進パートナーに求められる資質

まず大学内の技術シーズが、事業化されるまでのプロセスを概観してみましょう。ここでいうプロセスとは、①大学内の発明者を説得し、事業化に対する理解と協力を取り付ける、②発掘シーズの事業化プランニングをする、③利害関係者に対して技術シーズと事業プランをわかりやすく説明し、共感と協力を取り付ける、④数多くの利害関係者との間に立って、調停と交渉力を粘り強く続ける、等といったことでしょう。これらの諸プロセスを分析していくと、特に、創業時点の大学発ベンチャーに関わるマネジメントには、大きく分けて、三つの能力が不可欠です。

一つ目は、事業シーズを発掘する能力です。大学側が、様々な技術特許や研究成果を公開していますが、それらの内容をある程度理解し、事業化に結べ付けられる可能性があるか否かを、〃かぎ分ける〃能力です。〃かぎ分ける〃には、対象となる技術シーズを理解するだけの基礎知識が必要なことはいうまでもありませんが、社会にはどのようなニーズ（特に産業ニーズ）があるのか、絶えずアンテナを張っていることが肝要です。難解になりがちな技術内容を理解することに振り回されることなく、産業ニーズと具体的に結びつけようとする意識が不可欠でしょう。

二つ目は、大学の発明者の信頼を勝ち取り、その後も有効な関係を維持しながら、将来のビジネス展開に不可欠な利害関係者との調整も円滑に行なえるリレーションシップマネジメント能力（RM能力）です。複雑で微妙な人間関係を知覚し、関係者に対し不快な思いをさせることなく、しかも、自らの主張をきっちりと伝えていくためには、数多くの人間関係をどれだけさばいてきたかによるところが大きいと思います。このリレーションシップマネジメント能力の基盤があってはじめて、交渉力というものも生きてくるのです。昨今、MBA過程を中心に、交渉術に関する教育プログラムが充実してきていますが、RM能力がない人物が、いたずらに交渉術を駆使したりしますと、逆効果・悪印象を与え、場合によっては、信頼を失ったりすることもあります。プライドの高い大学研究者に配慮しながら、しかも、事業会社を対象に販売活動を円滑にしていくには、RM能力が必要とされるのです。

三つ目は、プレゼンテーション能力です。技術シーズのユニークな点、社会的意義・効果を顧客にとってのメリットを利害関係者に対して、わかりやすく簡潔に伝達するには、不可欠な能力だということは、いうまでもありません。わかり易い表現とストーリーの構築力がプレゼンテーションにおける巧拙を左右します。予断になりますが、欧米の研究者がしばしば日本国内にも自分の技術とビジネスプランを売り込みにきますが、実にわかりやすく、なんとか投資家に理解してもらおうという意欲に満ち溢れ、豊富な情報を提供してくれます。これに比べて、残念ながら日本の大学関係者は機密性を強調する余り、情報の開示に対して必ずしも積極的とはいいがたく、このことが、大学発ベンチャー側のプレゼンテーション能力にも少なからず影響を及ぼしているとも思えます。

以上を総合すると、事業推進者としてのパートナーは、様々な経営管理手法やツールを習得した経営管理者的タイプではなく、アントレプレナー的メンタリティと行動パターンを併せ持った優秀なコミュニケーターが最適ということになるでしょう。

Episode 3

ベンチャー支援制度への近づき方

政府部内は、ここ数年ベンチャー支援ブームです。多種多様な支援制度が毎年整備されていくのに比して、利用する側には戸惑が多いでしょう。自らのニーズと支援制度をどうマッチさせればよいかが分からないからです。しかし、補助金などは、返済不要のキャッシュが手元に入るわけですから使わない手はありません。これらの支援制度にアプローチしやすくするため制度を整理してみました。まず全体像はどうなっているのでしょうか。

総合案内のないデパート？

昔から政府の支援制度は、仕組み複雑・手続き煩雑であまり評判はよろしくありません。

最近のベンチャー支援制度も毎年のように充実されるおかげで魅力的でありますが複雑になっています。これら施策全体を把握し、企業の指南役となるガイドが見当たらないので、総合案内のないデパートのような状態になっているのです。

この項では、個別政策の詳細よりは、ガイドブックに書いていないような政策の成立している背景や、政策立案者側の意図などを紹介し個別施策へのアプローチをなるべく円滑にすることに努めたいと思います。

まず個別施策のガイドブックは存在するのでしょうか。関係政府機関を横断的に網羅したガイドブックとしては、雇用能力開発機構が毎年発行する「ベンチャー企業等支援制度ガイドブック」があります。研究開発、人材育成など企業の活動分野毎に支援策を整理しています。地方自治体の施策にまで踏み込んで整理している点はありがたく思います。また経済産業省に限定すれば、中小企業庁が毎年発行する「中小企業等施策利用ガイドブック」があります。こちらは支援形態別（補助金、税制等）に施策を整理しています。ベンチャーに限らず中小企業一般を対象としていますので、より幅広の支援措置を参照することができます。これらのネット版として、ベンチャー企業等支援ネットワーク（http://web.infoweb.ne.jp/venture-net）およびJ-NET(http://j-net21.jasmec.go.jp/)がありますので覗いていただくとよいでしょう。

また、施策全体を一通り頭に入れて、企業の相談に乗ってくれる窓口としては、各県の中小企業支援センター（または中核的支援機関）がよいでしょう。東京都であれば、中小企業振興公社、福井県であれば、産業支援センターと名づけられています。横断的にかつ比較的長い期間、中小企業支援に携わっている職員が居るはずです。

そもそもの仕組み

前述のガイドブックや窓口にアプローチする前に是非知っておいていただきたいポイントを以下に整理してみました。

POINT 1 予算の仕組みはどうなっているの？

四月から翌年三月の単年度会計を基準としています。各省庁は八月末までに次年度の予算要求内容を固め、九月から年末までの間、財務省と折衝を行います。年明けの一月下旬から始まる通常国会で衆・参両院を通過すれば予算成立です。四月に入ると、予算執行のための公募手続きや契約手続きが行われるのが一般的です。

ここに補正予算が入るとやや複雑になります。元来補正予算は、毎年秋の臨時国会で審議され、各種の不測事態への緊急資金補填措置という印象のものでしたが、最近では、大規模な景気対策を行うことが慣例化しつつあります。しかも次年度への繰越を前提とした一五カ月予算となり、一見通常予算のように見えます。

POINT 2　関係者が複雑。誰が主体？

公的支援に関係する主体は、国・地方自治体・関係団体に分類されます。このうち関係団体とは、中小企業総合事業団、ＮＥＤＯなどの機関で、通常、国の予算を執行する立場に位置付けられています。地方自治体は、国の予算を執行する場合と自治体自身で政策立案・予算執行をする場合の両面があります。自治体が国の制度と類似した名称の予算を持っているケースがありますので複雑に見えるが、国では手当てできないニッチ部分か、例えば三分の一の資金補助する制度に上乗せでもう三分の一を自治体が助成するという上乗せ制度などが多いのです。

POINT 3

どれも似ているように見えるけど……

各施策には各々政策目的があります。例えば、「地域雇用促進特別奨励金」と「中小企業雇用創出人材確保助成金」は、どちらも従業員の人件費を補助してくれるという制度ですが、前者の政策背景が、過疎・農山村雇用対策であるのに対し、後者は新事業進出支援であり助成されるための要件が全く異なります。このように政策目的を理解することは助成を受ける上で重要なポイントです。実際は、過疎対策のため雇用増をする事業者が稀であるように、助成を受けたい部分が政策目的に合っているどうかではなく、その事業展開の状況が、どの政策の要件にうまく合致しているかという視点を持った方が実用的でしょう。

POINT 4

助成を受ける手続きが煩雑……

助成を受けるまでのプロセスにはいくつかのパターンがあります。主な二パターンを紹介します。

①特定法を背景とした助成

例えば、「産業再生法」や「事業革新法」のように、企業の経営改革や事業再構築支援をテーマとした法律があります。この法律には、補助金、出資、低利融資、税制など様々な支援措置が盛り込まれています。これらの適用を受けるには、まず「事業革新計画」といった一種のビジネスプランを提出することにより、法律上の対象企業になるための認定を受ける必要があります。その上で、税制や補助金など必要な支援制度を受けるための手続きをとるという二段階の手続きをとります。面倒くさいが、いったん法律上の認定企業になると、比較的手厚い助成措置が受けやすくなる上、いい意味での宣伝にもなります。

②公募制の競争資金である。

一般的に、補助金とか委託費とか言われる返済不要の助成資金の中で大規模なものはこのシステムが多いでしょう。

各補助金等は政府側で確保している予算枠があります。各制度がどれほど人気のある制度でも、予算枠以上の配分はできません。したがって、仮に申請案件が、十分に要件を満たしていたとしても、審査する側から低い優先度をつけられれば、予算がつかないという結果になります。実際、地域コンソーシアム事業という人気予算は、倍率数十倍という人気商品で獲得は容易ではありません。公募であるため、もちろん申請期間も限定されていますので、公募情報には充分注意する必要があります。

前述の二つに当てはまらない制度、例えば試験研究費に対する税額控除などは、特定法認定も不要で、競争的資金でもないので、一定要件を満たして申請書類を提出すれば適用を受けられるはずです。

次に具体的な使い方をお示ししたいと思います。まずは、ベンチャー企業にとっては最も必要なはずですが、意外と使われていない研究開発費に対する補助金や委託費の制度の紹介です。架空の中小企業の悩みから、委託費の獲得までの流れをストーリー仕立てで追ってみました。なお、本件内容は、あくまでもフィクションです。制度の内容は平成一五年度予算をベースにしています。

■社長の悩み

オオスミ社長は早朝の川べりを歩いていました。判断に悩んだ時の昔からの習慣だったのです。昨日、K教授から電話がありました。昨年から進めていた共同研究が成功したという連絡でした。

オオスミ社長は、中堅の医療機械メーカーの創業社長です。機械メーカーとしてこれまでの製品群に限界を感じ、今後の新たな成長の素を探っていたところ、地元に新型レーザーの研究で世界的な業績を持っている教授がいると聞きました。新型レーザーを組み入れた医療機器の開発に成功したら新たな展開が可能だと考え、昨年から基礎的な共同研究を開始したのです。

オオスミ社長の悩みは資金調達です。今後、前に進もうと思えば数億円規模の資金を数年間にわたって必要とします。しかも研究自身はまだ基礎的な段階のものです。一方、この一年でオオスミ機械の業績はかなり悪化していました。

うつむき加減の社長の肩を叩く男がいました。「社長、元気ないですな」鮎釣りに来ていた県の工業試験所のコータロー所長でした。話を聞き終わると所長は言いました。「こんな時こそ行政を利用しなきゃ」。

■所長の助言

所長には二つのアイデアがあったのです。一つは、「地域新生コンソーシアム研究開発事業」という委託費への応募、もう一つは、「創造技術開発費補助事業」への応募でした。どちらも経済産業省の予算制度です。名前を聞いても、オオスミ社長にはちんぷんかんぷんでした。「コンソーシアム事業というのは、産学官連携を前提とした研究開発事業を支援する委託費です。二年間で総額二億円が出ます。創造補助金は、中小企業の技術開発に対する補助金で事業費全体の二分の一が助成されます。こちらも最高で年間一億円程度助成されます。大学のシーズを利用する場合には、三分の二まで助成されますよ。この他にも県から研究開発補助金を受ける手段もありますがそちらは国の助成が受けられなかった時に考えましょう」「全額もらえるなら、委託費の方がおいしそうだな。この鮎も。でもどうしたらもらえるんだい?」焼き上がった鮎を頬張りながら社長は言いました。「コンソーシアムを組んで、申請書を提出して審査を受けます」「何だ簡単そうだな」

いやいやそれからが大変だったのです。

■社長と所長、動き回る

コンソーシアム研究開発事業でいうコンソーシアムとは、大きく研究を実施する主体と研究を管理する主体に分かれます。研究を実施する主体には、複数の民間企業（主に中小企業）と少なくとも一つの研究機関（大学、国、公設試験所、国立研究所）の参画が必要となります。管理する主体とは、形式上研究プロジェクト全体をマネジメントする主体のことで、国に対する窓口となって予算管理、各種書類作成等を行います。地元自治体の産業振興関連の団体であることが多いです。

オオスミ社長の場合には、研究実施者がオオスミ機械、共同研究機関はF大学のK研究室となります。課題は、追加の研究パートナーと管理主体をどうするかです。「管理主体は、ウチが引き受けるべく県庁と調整します。研究パートナーは、なるべく有名でこの新型機械の顧客となるような大企業を一社見つけて下さい。通りやすくなりますよ」

その日から、社長と所長の調整が始まりました。オオスミ社長は早速、製品イメージや事業計画を練り、研究パートナーを探しました。何とか、某メーカーを研究パートナーとして入れることに成功しました。県庁からは当初、新たな事務負担を抱えることについて難色が示されましたが、商工部長の判断で管理主体となることが決まりました。この際に条件となったのが、経済産業省の推進する「産業クラスター計画」への協力だったのです。

各地方経済産業局が独自の構想を進めるこの施策は画期的な地域政策である一方、如何に実効をあげるかが課題となっており、構想の枠内に具体的なプロジェクトが入ることは国、県、企業にとって有益なことだったです。枠組みが決まったあとは、申請書の作成です。提案書の主要な部分だけでも三〇ページ程度の文章を書かなくてはなりません。その他の参考資料まで含めると膨大になります。オオスミ社長にとって、作文は小学校以来の苦手分野でした。

■申請書の提出、そして採択

「いいですよ、書きましょう。」オオスミ社長から相談を受けた、管理法人となる工業試験所の若手のT主任はこともなげに言ってくれました。なんでもこの手の提案書にはコツがあるそうで、内容が各政策の目的に合致しているかどうかが重要なポイントになるらしいのです。コンソーシアム事業の場合には、①研究開発を成功させるための能力を如何に有しているか、②研究成果と事業化との距離感が如何に近いか、③研究成果の産業全体への波及効果が如何に大きいか、④その結果、地域経済の振興に如何に高い貢献をすることができるか、といった点につき明確に記述することがポイントだそうです。地域経済の振興にどう役立つかなんてオオスミ社長は考えたこともありませんでした。「いいですよ、うまく書いておきますよ。」結局T主任に任せることにしました。ドラフトを書いた後は、直接の申請書提出先である経済産業局の担当のところに何度か足を運びました。正式提出後は何もできないので、事前にすりあわせをして、申請書のブラッシュアップと局内での認知度をあげるのです。

提出の後は、地方局内での審査後、本省の設置する専門技術委員会における評価、その後最終審査が行われます。この間、オオスミ社長の出番はありません。K教授とは、小規模な共同研究を地道に進めていました。

申請書提出後二カ月経って、提案採用の知らせを受けました。これで二年間で二億円近い研究費を獲得できたことになります。二年後には試作品を世に出せそうです。手続きには手間隙かかりましたが、各方面でのオオスミ機械の認知度・信頼度が急速に高まったことはそれに十分見合う副産物でした。T主任には早速電話をしました。「Tさんの書いてくれた申請書のおかげですわ、今度ご馳走しますよ」「駄目ですよ。公務員倫理規定がありますから」

最後までクールなT主任でした。

■おわりに

コンソーシアム研究開発事業は、委託費という形態のおかげで、研究費の全額が助成されること、日本版バイドール法のおかげで、研究成果も研究実施者に帰属させられることなどから競争倍率が一〇倍近い人気の高い研究開発支援事業となっています。一方の創造技術開発費補助事業は二分の一ないし三分の一の事業者負担があることが前提ですが、コンソーシアムを組む必要がなく手続きはシンプルであるといえるでしょう。

ワンストップサービスを標榜して各都道府県に設置されている中小企業支援センターがどこまでの機能を有しているかをご紹介します。「中小企業挑戦支援法」の成立に伴い、起業そのものが容易になった今、何のツテもない起業家にとっては地元のインキュベーションの仕組みが役立つと考えられます。

今回は、若き起業家コスミ君が、大都市から遠く離れた郷里で、ベンチャー企業を起こしたところからストーリーは始まります。マーケットははるか遠く、人脈もないし、カネもない。あるのはやる気とアイデアだけです。
彼は、ワンストップサービスを利用して、いかにのし上がっていくのでしょうか。

■ワンストップサービスとの出会い

やる気とアイデアのあるコスミ君は、貯金の一〇〇万円をはたいて社長になりました。「中小企業挑戦支援法」のおかげです。社名は「コスミソフト」。次世代携帯に搭載するアプリケーションソフトを開発する。アイデアはありましたが、オフィスも従業員も金もありません。どうしたらいいいんだ?

社長になった夜、堅実なK県庁職員である彼女のノリコさんと祝杯をあげました。コスミ君の心配を聞いたノリコさん、「中小企業支援センターに相談してみたら?」K県所轄財団法人の一つであるK県中小企業支援センターは、創業からマーケティングまでを様々な手段で一貫してサポートするワンストップサービスをウリにしています。このサービスを実際に提供するのは、県内外に幅広くネットワークを有し、ビジネスのことをある程度知り、公的支援制度にはとても詳しい「プロジェクトマネジャー」というスタッフです。

K県には、コータローさんという名物マネジャーが居ます。「まずビジネスプランを見せてくれる?」「何ですか?それは?」「コスミ社長、基礎知識が足りんようだね。」コスミ君は、「K県起業塾」に参加することとなりました。約二週間の集中研修で、ビジネスプランの作成の仕方など起業家に必要な基本的な知識を授けてくれます。コスミ君は、無料という一点に惹かれて参加することとしました。二週間後、出来たてのビジネスプランをコータローさんに持っていきました。「では、この申請書に必要事項を記載してビジネスプランを添付して提出しなさい。インキュベートルームを貸してあげます」。K県では、少子化のあおりを受けて廃校になった小学校をインキュベートルームに改装していたのです。建物は古びていますが、二四時間出入り自由で、高速インターネットが使い放題。

家賃も相場の四分の一程度。ただし三年で卒業(退出)しなければなりません。こうしてコスミ君の社長業は、母校の一年三組の教室から始まりました。

■開発資金作り

スペースは確保しましたが活動資金がありません。国から研究開発資金が助成される制度がたくさんあると聞いて、コータローさんに相談に行きました。「うーん、間尺に合わないんだなあ」。確かに国からの研究開発資金助成制度は盛り沢山です。しかし、助成金額規模が一〇〇〇万を超えるものが多く、その分申請手続きや助成後の報告等の手続きも煩雑で、コスミ君のように基礎的で小規模な開発に適した助成制度がないのです。「県の助成制度を使うといい」。各地方自治体は、国の制度のすきまを埋めるため、独自予算を使って小規模な助成制度を設けています。K県にも「新技術起業化促進事業」という補助率三分の二で一五〇万円までの活動資金を助成してくれる制度があります。すでに一時募集は終わっていましたが、若干予算が残っていたので、コータローさんを通じて県に二次募集を受けるという形でお願いをしました。また、最低限必要な設備については、「小規模企業設備貸与制度」を利用して、廉価でリースを受けることとしました。こうしてソフト開発はスタートアップできたのですが、仕事を取らないとこの先会社が回っていかないのは明らかです。

■ネットワーク作り

「仕事は提供できないが、仕事探しの場所は提供できますよ」こうして紹介されたのが、ちょっと変わったビジネス交流会でした。

毎月一回市内のライブハウスで開催されているその交流会では、入り口で三〇〇〇円を払うと、誰でも入ることができ、様々な階層の人と交流ができます。馴れない人には、「話しかけて下さいカード」を貼り付けてくれます。あいさつも講演もなく皆が思い思いにコミュニケーションしています。

最初はうまく行きませんでしたが三回目で地元の中堅ソフト開発会社のS専務さんと知り合い、その会社の下請けで仕事を受注できました。この他にも、支援センターがウェブ上に開発したSOHO事業者と県内ソフト開発事業者との仕事マッチングページへの登録を通じて、ホームページ開設などの仕事を数件受注することができたのです。

■開発の成功

一年が経ち、基礎的なソフト開発に成功しました。その成功を受け、ビジネスプランを書き直し、県の「ベンチャープランコンテスト」に申し込んでみました。結果的に、準優勝を獲得し、県が東京で、ベンチャーキャピタル等を招いて主催する「K県ベンチャービジネスメッセ」に出品することができたのです。東京でのビジネスプランのプレゼンには具体的な成果はありませんでしたが、東京のVCの専門家としてのアドバイスを受けたおかげで、マーケットに出せる製品のイメージを掴むことができました。

そして、コータローさんと相談し、総務省の提供している先進的ソフトウェア開発資金助成制度に応募し、二〇〇〇万円程度の規模の開発資金を獲得することができました。その後は、例のビジネス交流会で知り合った若者を数名雇用し、開発をスピードアップするとともに、S専務ネットワークを通じて東京の企業に新ソフトのデモを行っていきました。

■ガンバレ　コスミ君

三年が経ち、コスミ君が、一年三組の教室を卒業する時が来ました。製品のプロトタイプもでき、デモを行った先でも評判は上々です。今後は、東京の大手企業を中心として、本格的なマーケティングをしたい。そのためにも東京に拠点を移すタイミングが来たようです。コータローマネジャーのネットワークで、東京のインキュベートルームへの入居も決定しました！以前知り合った東京のVCも投資に前向きです！　未来はバラ色だ、コスミ君！

K県を離れる前夜、堅実なノリコさんと祝杯を挙げた。「ボ、ボクと一緒に東京に来てくれないか?」「フフフ、上場したらね」「……」

ガンバレ　コスミ君！

■おわりに

ベンチャー企業を起こしたばかりの地方の若者が、地元に居ながらにして公的支援制度をフルに活用するとどの程度のことが出来るのかを仮想的なストーリー仕立てとしました。各制度がストーリーのように効果的に機能するかどうかは、支援団体担当者や、ベンチャー企業次第であるものの、登場する支援制度の中身は、実際に存在するものを前提としています。自身の地元にどのような制度があるかは、各県の中小企業支援センターにアクセスして下さい。

なお、文中に登場するビジネス交流会も福井県で実際に行われ、既に二〇回を数えます(http//www2.tenawan.ne.jp/fiting　参照)。

〈参考〉

「中小企業庁では、中小企業対策の一環として、創業・ベンチャー企業支援を行っています。そのなかで、経営支援部創業連携推進課や関係各課等において、『人材の育成、経営面での支援』、『資金面での支援』、

『技術面の支援』、『法律による支援』、『組合を活用した創業の促進』など幅広い総合的な支援で創業・ベンチャー企業の育成を図っています」

長期化する不況のなか、進取の精神にあふれた起業家・企業家たちから大きな期待をもって迎えられている中小企業庁の《創業・ベンチャー企業支援》。その具体的な内容はどうなっているのでしょうか。

《経営》のための人材の育成、経営面での支援

「人材の育成、経営面での支援」については、①研修・セミナー等の開催、②経営支援体制、③マッチング支援（出会いの場）、があり、それぞれの内容は次のようになっています。

①研修・セミナー等の開催

●創業・ベンチャー国民フォーラム＝創業・ベンチャー企業を生み出す風土づくりのため、「創業・ベンチャー国民フォーラム」メンバーや新たな事業に果敢に挑戦する起業家による創業・ベンチャーに関する講演会・公開討論会等を全国開催する。

●都道府県等中小企業センターによる創業セミナー＝都道府県等中小企業支援センター

において、創業セミナーを実施。創業に意欲を有する人を対象に、創業に向けた取組に着手するにあたって必要な基礎的知識の修得を支援する。

●商工会・商工会議所による創業講座＝全国各地で地域に密着した事業を行っている商工会・商工会議所が連携。参加者に密着した形で創業への取組に向けた具体的課題解決を支援するため、地域の実情を踏まえたテーマ（たとえば、社会福祉関係、リサイクル関係、ものづくり関係、対個人サービス関係、対事業所サービス関係、国際展開関係など）ごとに少人数（一〇人程度）の講座を開催する。

●全国商工会連合会（全国連）・日本商工会議所（日商）による創業塾＝創業に向けて具体的なアクションを起こそうとする人が対象。全国商工会連合会、日本商工会議所が傘下の商工会、商工会議所などと連携を図りながら、経営戦略（ビジネスプラン）の完成、創業に必要な実践能力の修得を支援するため、一〇日間（三〇時間）程度の短期集中研修（創業塾）を開催する。

●中小企業総合事業団による新規創業支援研修＝明確な創業意志を持ち、具体的なビジネスプランを有する人が対象。全国の中小企業総合事業団中小企業大学校が、実際の創業に必要な実務知識、ビジネスプランの作成方法等について五日間の研修を開催する。

②経営支援体制

●中小企業・ベンチャー総合支援センター＝創業予定者から株式公開までも視野に入れた中小企業者等を総合的にサポートするため、全国八カ所に「中小企業・ベンチャー総合支援センター」を設置。資金・技術面での支援、または経営・財務・法務などに関する高度な相談への対応等を行う。

「対象者」は「株式公開までも視野に入れた中小企業者など」であり、同センターの「事業内容」は「経営・財務・法務等コンサルティング事業、専門家継続派遣事業、経営支援講座等開催事業、創業・経営革新支援事業、企業等退職者の派遣事業」である。

●都道府県等中小企業支援センター＝創業予定者や中小企業者の多様なニーズに対応して、人材、技術、情報等の経営資源の円滑な確保をきめ細かく支援するため、都道府県または政令指定都市ごとに「都道府県等中小企業支援センター」を設置。民間専門家等による診断・助言などを行う。

「対象者」は「地域で独自の強みを発揮する中小企業者など」。同センターの「事業内容」は「民間専門家による経営診断等の事業、取引適正化・苦情処理事業、経営・技術等情報提供事業、専門家派遣事業、事業可能性評価事業」となっている。

●地域中小企業支援センター＝創業予定者や経営革新等の課題を有する地域の中小企業者などが、さまざまな悩みを気軽に相談できる身近な支援拠点として、全国約二六〇カ所に「地域中小企業支援センター」を設置。中小企業者などからの相談にきめ細かく対応する。

「対象者」は「創業予定者、経営革新を目指す地域の中小企業者など」であり、同センターの「事業内容」は「窓口相談事業、専門家派遣事業、情報提供事業、講習会等開催事業」である。

③マッチング支援（出会いの場）

●ベンチャープラザ＝資金、人材、情報などの経営資源不足からさまざまな経営課題を抱えるベンチャー企業等と資金提供者、経営パートナー等とのマッチングを図る《出会いの場》を提供するため、全国各地（九ブロック）でベンチャープラザを開催する。

●ベンチャーフェア＝優秀なサービスや試作品などを大々的に展示・紹介し、ベンチャー企業等の販路開拓、ビジネスパートナーとのマッチング等の支援を行うため、ベンチャーフェアを開催する。

「《人材の育成》については、創業する人たちに創業の意識を持ってもらい、そのために必要なことを学んでもらう場を作るということで研修・セミナー等を行っています。規模的に一番大きいのは創業塾。全国各地で開かれ、一カ所で三〇〜五〇名が参加します。参加者の年齢はバラバラですね。若い人たちばかりでなく、四〇代、五〇代の人も少なくありません。他の創業セミナー、創業講座、研修などでも、同様のことを行っていますが、中小企業大学校では創業関係の研修だけではなく、従業員教育等の経営のマネジメントコースを設けて行っています。これらの講師は、創業プラン作成などの関係でコンサルタント、実践的な会社設立等の知識が必要なことから弁護士などに依頼しています」と話す中小企業庁経営支援部の大槻氏。経営支援体制については、こう解説します。

「一方、創業するうえで、あるいは中小企業において、資金や人、モノなどいろいろ経営上の課題が出てきますが、そうした問題について相談に乗れる所として、全国八ブロック、都道府県・政令指定都市、身近な地域というように分けて支援センターを設置。それぞれの特色やレベルに合わせてアドバイスしています。アドバイスをする人は、これまでのような役人ではなく、民間の知恵を借りようということで、企業経験や経営支援経験等の豊富な民間人を起用し、配置しています」

人材の育成や経営面での支援体制とともに必要となってくるのが、マッチングの場。それは「ベンチャープラザ」と「ベンチャーフェア」だが、その違いを大槻氏はわかりやすくこう話します。

「ベンチャープラザはビジネスプランを発表し聞いてもらう場。それを聞いて、《おもしろい。資金提供したい》という人が現れれば、発表者と資金提供者が個別に話し合い、契約ということになったりするわけです。そうしたビジネスプランの発表ではなく、具体的に商品を見てもらうために設けられたのが、ビジネスフェア。試作品や製品等を展示して見ていただき、興味を持った人と契約に向けての話などを進めていきます。両者の違いは《プラン》と《展示》です」

《経営》のための資金面での援助

人材の育成や経営面での支援とともに重要なのが資金面での支援です。資金がなかったり、不足していては創業やベンチャー企業としてやっていくのは困難です。

「資金面での支援」に関しては、①融資、②信用保証、③出資等、④助成金、⑤税制においてそれぞれ行われています。

まず、①の融資において、創業時の特徴ある支援制度として注目されているのが、「新創業融資制度」です。これは既存の貸付制度のなかで特例措置として平成一四年四月に新しく設けられました。その内容については次のとおりです。

◆新創業融資制度＝担保の有無や過去の勤務経験などの形式的な要件に依存しない。事業計画（ビジネスプラン）が的確であれば、無担保・無保証人（法人の場合、代表者の保証も不要）で、国民生活金融公庫が五五〇万円を限度に融資を行う。貸付利率は年二・五％、貸付期間は運転資金五年、設備資金七年以内（据置期間六カ月以内）等となっている。

事業計画（ビジネスプラン）に関しては、事業内容についての審査よりも、プランが的確に実現できるものであることが重視されます。そのために中小企業支援センターや商工会・商工会議所などのセミナーや講座で学んだり、アドバイスを受けるといったことが必要となります。なお、この一年間（平成一四年四月一日〜一五年五月二日）の実績については、申し込みが七五六四件（申し込み総額二九四・五億円）、実際に貸付をした件数は四〇〇三件（貸付総額一二八・八億円）にのぼっています。

「事業の立ち上げには資金が必要ですが、そのとっかかり的なものとして、新創業融資は従来の融資より得やすく、人気商品になっています。これは、創業時の一番資金が必要な時期に的確に貸し出せる制度と言えるのではないでしょうか」（大槻氏）

この他にも、以下のような融資の制度があります。

◆国民生活金融公庫の新規開業特別貸付＝新たに事業を始める人または開業後概ね五年以内の中小企業者が対象。開業に必要な設備資金および運転資金の融資を行う。貸付利率は年一・五％、貸付限度額七二〇〇万円（運転資金は四八〇〇万円）、貸付期間は運転資金五年以内（据置期間六カ月以内）、設備資金一五年以内（据置期間三年以内）等となっている。

◆小規模企業設備資金貸付制度＝創業予定者や小規模企業者などが対象。各県の貸与機関が設備資金を無利子で貸し付けたり、必要な設備を貸与機関が購入し、その設備を割賦販売またはリースする。

※設備資金貸付制度＝無利子、貸付限度額四〇〇〇万円、貸付期間は原則七年以内（据置期間一年以内）など。

※貸与制度（割賦販売またはリース）＝貸付利率は割賦損料三％以下、リース料率年

五・三%程度、貸付限度額六〇〇〇万円、貸付期間は原則七年以内など。
◆中小企業金融公庫による成長新事業育成特別融資＝新しい技術の活用、特色ある財・サービスを提供し、高い成長性が見込まれる事業を行う中小企業を支援する制度。担保が不足する場合は、担保特例および無担保の社債および新株予約権を中小企業金融公庫が取得して資金を供給する制度がある。貸付利率は年〇・七五%（六年目以降年一・七%）、貸付限度額六億円など。

創業や新事業のための借入れのときに、借入れ資金に対して保証をつけようというのが、②の信用保証です。これから会社をつくったり、創業後日も浅い会社が新事業を始めようとする場合など、まだ信用力は小さく、保証がないと金融機関はなかなかお金を貸してくれません。②の信用保証には次のようなものがあります。

◆信用保証協会の創業支援債務保証
※創業関連保証＝創業予定者や創業後五年未満の中小企業者に対して、信用保証協会が無担保の債務保証を行う。保証限度額は一〇〇〇万円。
※新事業創出関連保証＝創業予定者や創業後五年未満の中小企業者および分社予定の会

社並びに分社後五年未満の中小企業者に対して、信用保証協会が無担保・第三者保証不要の債務保証を行う。保証限度額は一五〇〇万円。

◆信用保証協会の新事業開拓保証＝中小企業が商品、役務の内容、提供の手段において広く普及していない事業で資金の借入れを行う場合、信用保証協会が債務保証を行い、融資を受けやすくする。保証限度額は企業二億円、組合四億円。

また、③出資等では、アーリーステージにある中小企業やベンチャー企業に投資をするという目的のファンドに対し、国から《呼び水》として資金を流すことにより、民間資金を誘導しようというのが次の「◆中小企業総合事業団による〜」です。現在、二二のファンドに出資しています。

◆中小企業総合事業団による中小企業等投資事業有限責任組合を通じた直接金融による資金調達支援（新事業開拓促進出資事業）＝新商品、新技術の開発等の新たな事業の開拓を行う国内の成長初期段階（アーリーステージ）にある中小・ベンチャー企業等に対する投資事業が目的。民間のベンチャーキャピタルが業務執行組合員となって組成される中小企業等投資事業有限責任組合に対して、中小企業総合事業団が有限責任組合員として出資を行う。出資額は一〇億円が上限、出資期間は一二年以内。
他に、③出資等では次のようなものがあります。
◆中小企業投資育成株式会社による投資＝会社の設立に際して発行する株式の引受けおよび企業の増資で発行する新株、新株予約権、新株予約権付社債等の引受けを行う。
◆エンジェル（個人投資家）税制による直接金融促進＝個人が投資した設立一〇年以内のベンチャー企業の株式について、投資段階でその投資額につき同一年分の株式譲渡益額を限度として株式譲渡益額から特別控除（当該ベンチャー企業株式の取得費から特別控除額を減額）、株式公開による譲渡益が発生した場合には譲渡益を四分の一に大幅圧縮、株式譲渡損が発生した場合には損失を三年間繰り越して他の株式譲渡益と通算を可能にする。
④の助成金は、試作などに必要な資金を提供するもので、返済しなくてもいいお金です。
◆新事業開拓助成金交付事業＝自らの技術や創造的発想を活かし、従来なかった新製品・新サービスを開発したり、従来なかった革新的な方法で商品やサービスを提供することによって、新たな市場を切り開くベンチャー企業等の事業が対象。助成金を交

付し、併せて専門家によるアドバイスを行う。対象者は、一カ月以内に創業する予定の個人や二カ月以内に会社（中小企業）を設立予定の個人、事業開拓または設立から七年未満の中小企業等。助成金額は一〇〇万円～五〇〇万円。

◆新事業開拓支援助成金交付事業＝ベンチャー企業を支援する機関が行う創業者および新事業開拓者向けセミナー、研修事業、情報提供または助言等の事業に対して一〇〇〇万円を上限に助成金を交付する。

さらに、⑤税制では次のような優遇税制があります。

◆設備投資に関する特別償却・税額控除＝製造業、印刷業、ソフトウェア業および情報処理サービス業に属する創業後五年未満の中小企業者や売上高に対する試験研究費の割合が三％を超える中小企業者等が取得。一台または一基の価額が二八〇万円（リースの場合は三七〇万円）以上の機械・装置について、設備投資減税では初年度取得価額の七％税額控除（リースの場合はリース費用総額の六〇％以上相当額について七％の税額控除）または三〇％の特別償却を受けることができる。

◆欠損金の繰戻還付、繰越期間の特例＝設立後五年以内の法人である中小企業者について、一年間の欠損金の繰戻還付が認められる。また、中小企業創造活動促進法の認定事業者については、欠損金の繰越期間が七年となる。

《研究開発》のための技術面での支援

ベンチャー企業や中小企業等の研究開発などのための技術面での支援として、①新事業創出促進法による支援、②中小企業者が行う研究開発に対する補助金、③課題対応新技術研究調査事業、④課題対応新技術研究開発事業があります。

①新事業創出促進法（中小企業技術革新制度〔ＳＢＩＲ〕）による支援＝ＳＢＩＲは技術開発力を有する中小企業を活性化し、その独創性ある事業活動を支援するために創設されたもの。具体的には、関係省庁や特殊法人等が中小企業者などの技術開発のための補助金・委託費等（特定補助金等）を交付し、その事業化を一貫して支援するため、債務保証枠の拡大や担保・第三者保証人が不要な特別枠の新設などを行うものである。

◆国等の研究開発予算の中小企業者等への支出の機会の増大に向けての努力＝国や特殊法

人は、中小企業等の技術開発のための補助金・委託費等を『特定補助金等』に指定。中小企業者等への国などからの研究開発費支出の機会の増大に努める。

◆特定補助金等により行った研究開発成果の事業化の支援＝特定補助金等の交付を受けた中小企業者等の事業化を支援するため、以下の特例措置がある。

※中小企業信用保険法の特例＝新事業開拓保険制度について、債務保証枠の拡大や担保・第三者保証人が不要な特別枠など特例措置を講じる。

※中小企業投資育成株式会社法の特例＝中小企業投資育成株式会社からの投資対象について特例措置を講じる。

※小規模企業者等設備導入資金助成法の特例＝貸与機関が実施する小規模企業設備資金制度の貸付割合を二分の一から三分の二に拡充している。

※中小企業金融公庫の特別貸付制度＝制度名は「革新技術導入促進資金」、貸付対象は「特定補助金等の交付を受けて研究開発した技術を利用して行う事業」、貸付利率は基準利率、貸付期間は一五年以内などとなっている。

②中小企業者が行う研究開発に対する補助金（制度名：創造技術研究開発事業・地域活性化創造技術研究開発事業）＝新製品、新技術に関して、中小企業などが自ら行う研究開

発に要する経費の一部を補助する制度。目的によってさまざまな枠が設けられており、その枠ごとに補助金額等が異なる。

③課題対応新技術研究調査事業（研究調査）＝中小ベンチャー企業等に対し、関係省庁と連携して、経済・社会ニーズに即応した技術開発課題を提示し公募を実施。優れた提案について、中小企業総合事業団から技術的可能性、事業化可能性などの研究調査を委託する。委託金額は一テーマあたり五〇〇万円以内、研究期間一年間など。

④課題対応新技術研究開発事業（研究開発）＝中小ベンチャー企業に対し、関係省庁と連携して、経済・社会ニーズに即応した技術開発課題を提示し公募を実施。優れた提案について、中小企業総合事業団から研究開発を委託する。委託金額は一テーマあたり一年間二五〇〇万円以内、研究期間は一～二年間など。

法律による支援と組合活用の創業推進

「法律による支援」としては、「中小企業創造活動促進法による支援」があります。これは、中小企業の創業および研究開発等を支援することにより、中小企業の創造的事業活動を促進するものです。

この法律による「地域活性化創造技術研究開発事業」において、認定研究開発等事業計画に基づき研究開発を行う中小企業者および組合等は、研究開発に要する経費の一部を補助する補助金の適用が受けられます。その補助率は三分の二、一件あたり一〇〇～三〇〇〇万円などとなっています。

一方、「組合を活用した創業の推進」については、「個人の創業を応援する企業組合制度」があります。

企業組合は、事業者、勤労者、主婦、学生などの個人が組合員となって資本と労働を持ち寄り、自らの働く場を創造するための組織です。株式会社に比べ少額の資本で法人格を取得でき、有限責任のメリットを享受できるように考えられた、いわば簡易な会社ともいうべき組織です。組合自体が会社と同じように法人格を有し、それぞれの有するアイデアや技能、技術等を活かした事業を行う、一個の事業体として創業することができます。

また、企業組合はＮＰＯや中間法人等とは異なり、営利を追求できる組織です。出資者・組合員に利益を配分することができます。都道府県、中小企業支援センター、中小企業団体中央会等を通じて補助事業や助成事業など国の中小企業施策の各種支援を受けることが可能。商工中金、国民生活金融公庫など政府系金融機関や都道府県等からの融資を受けることができます。

なお、平成一五年二月より「中小企業等協同組合法」が改正され、企業組合への法人などの加入・出資が可能となったほか、組合員比率・従事比率の緩和がなされ、企業組合がより活用しやすくなっています。

中小企業が事業の発展段階に応じて、組合制度、会社制度のそれぞれの特性を踏まえ、組合から会社への組織変更が可能です。組合に蓄積された事業実績（研究開発等の成果など）、資源・資産をそのまま会社に移行し、新事業のために有効に活用することができます。

また、最低資本金の制約がなく、税制面などの支援策もある組合を活用して創業。事業実績が上がった段階で、会社組織の活用によって事業のより大きな成長を指向することを選択する道が開けています。

Episode 4

ベンチャーの公開を待つ三市場

上向くベンチャーマーケット

長期化する不況のなか、ベンチャーマーケットの現状について、ジャスダックの広報担当、堀内信之氏はこう話します。

「当社に関しては、IPO、株式の新規公開は相場環境にかなり左右されることもあり、昨年、二〇〇二年は前年の九七社から六八社に減りました。本当に最悪の一年間でした。

一方、今年のIPOは五月末までは昨年と同レベルで推移しています。六月、七月以降については相場との関係もあり、どうなるか予測は難しいのですが、相場環境が明るくなる中、昨年の六八社よりは上回ると思います。通常の年のペースの一〇〇社といったことも考えられます」

株式店頭市場からみたベンチャーマーケットは、上向き状態にあるといえるようです。では、株式店頭市場の公開の基準はどうなっているでしょうか。そうした基準はさらにゆるやかになっており、必ずしも利益が出ていなくても株式公開は可能になっています。各店頭株式市場の比較については、細かいところでは違いがありますが、大勢としてはそれほどの違いはありません（表1～4参照）。ただ、ジャスダックの場合は、申請証券会社の審査・申請があり、その分、厳しいといえるかもしれませんが、それだけしっかりした信頼のおける企業を選択しているともいえるでしょう。

今後のベンチャー企業に対する希望として、堀内氏は次のようなことを望みます。

「未公開会社に対して、われわれは株式公開に向けてのプロモーション活動を行っていますが、ベンチャー企業が続々と輩出することを希望します。市場間競争が繰り広げられるなかで、成長性を期待する企業、比較的会社設立後まもない若い会社で、今は利益がでていないけれど、株式公開をしたいという会社はたくさんあります。そうした会社のニーズに応えられるように努めていますので、積極的にＩＰＯに挑戦してほしいですね」

資金調達については、以前は銀行が貸してくれた時代が長く続き、日本経済を支えてき

JASDAQ市場の基準

（表1）

	1号基準	2号基準	
対象企業	不問	主たる事業の営業活動年数が10年以下、又は事業の企業化に要する費用の売上高に対する割合が3%以上	不問
設立後経過年数	不問		不問
発行済株式数	不問		
流動性に係る基準	公開株式数500単元以上（*1） 株主数300人以上（*2）	公開株式数500単元以上 株主数300人以上（*2）	
浮動株時価総額	不問		
対象企業	上場時10億円以上	上場時10億円以上	事業の今後の発展に寄与する特徴を有し、当該特徴及び以下の事項を総合的に勘案して1号基準が求める企業価値と同水準が見込まれること 1号基準に掲げる利益の額若しくは純資産の額に係る事項を満たすこと、又は時価総額が10億円以上
資産・売上高	純資産額（直前期末） 単体・連結共に2億円以上	不問	
利益の額	連・単ともに当期純利益がプラス	赤字でも可	
財務諸表の監査意見	直前2事業年度の監査報告書の添付 直前事業年度「適正」		
Ⅱの部について	連結・セグメント別の記載は東証二部より少なく、事業計画の部分が多い		
その他	不問		

東京証券取引所（Mothers）の基準

（表2）

項　目	1号基準
対象企業	高い成長の可能性を有する企業
設立後経過年数	不問
発行済株式数	不問
流動性に係る基準	・公募・売出しで新たに300人以上の株主の増加 ・上場時に1,000単元以上の公募・売出し （うち、500単元以上は公募）
浮動株時価総額	不問
時価総額	上場時10億円以上
資産・売上高	成長に係る評価の対象とした事業の売上高が上場申請日の前日までに計上されていること
利益の額	赤字でも可
財務諸表の監査意見	「Ⅰの部」添付の監査報告書及び中間監査報告書において「適正」かつ「虚偽記載」なし （会社設立後2期以上経過している場合は、2期分）
Ⅱの部について	「Ⅱの部」の提出を要しない
その他	・上場後の四半期開示（監査法人の意見表明が必要） ・上場後の3年間は年2回以上の投資家向け説明会の開催が義務

時価総額…公開時の公募・売出価格×発行株式数

大阪証券取引所（ヘラクレス　スタンダード1・2・3号）基準　（表3）

	スタンダード基準		
	1号基準	2号基準	3号基準
対象企業	収益性、資産性、市場性	資産性、市場性	企業規模、市場性
設立後経過年数	—	2年以上（直前期末）	—
浮動株数	1,100単元以上（上場時）		
流動性に係る基準	・最低公開株数　500単元以上（公募又は売出し） ・株主数　400人以上（上場時）		
浮動株時価総額	8億円以上（上場時）	18億円以上（上場時）	20億円以上（上場時）
時価総額	—		次の（1）又は（2）のいずれかに適合すること （1）直前事業年度（末）の総資産・売上高がそれぞれ75億円以上（連結）（*3） （2）時価総額75億円以上（上場時）
資産・売上高	純資産額（直前期末） 6億円以上（連結）	純資産額（直前期末） 18億円以上（連結）	
利益の額	税前利益の額が、直前事業年度において1億円以上（*1）		
財務諸表の監査意見	直前2事業年度の監査報告書の添付 直前事業年度「適正」		
Ⅱの部について	「Ⅱの部」の提出を要しない		
その他	・上場後の四半期開示（業績の概況は、MD&Aに準じ監査法人の意見表明は不要） ・年1回、決算短信発表時においてコーポレートガバナンスの状況を開示		

大阪証券取引所（ヘラクレス　グロース）基準　（表4）

項　　目	グロース基準
対象企業	潜在的な成長性があり、市場性の見込めるいわゆるベンチャー企業
設立後経過年数	1年以上（直前期末） （上場時、時価総額50億円以上の場合は不問）
発行済株式数	浮動株数　1,000単元以上（上場時）
流動性に係る基　準	・最低公開化部数　500単元以上（公募または売出し） ・株主数　300人以上（上場時）
浮動株時価総額	5億円以上（上場時）
時価総額	次の（1）～（3）のいずれかに適合すること （1）純資産4億円以上（上場時、連結） 又は（2）時価総額50億円以上（上場時） 又は（3）税前当期利益が、直前事業年度において7,500万円以上（*1）
資産・売上高	
利益の額	
財務諸表の監査意見	・最近2年間「虚偽記載なし」かつ「適正」 ・最近2年間「無限低適正」（*2）
Ⅱの部について	「Ⅱの部」の提出を要しない
その他	・上場後の四半期開示（業績の概況は、MD&Aに準じて） ・年1回、決算短信発表時においてコーポレートガバナンスの状況を開示

ました。しかし、今はそういった間接金融は難しくなっています。市場から直接、資金を得る直接金融の世界になっていますが、こうした環境の悪い時期こそ、ビジネスモデルを成功させるために早く株式公開したほうが良いともいえます。オーナーが望むような株価にはならないかもしれませんが、高い株価で資金調達したからといって、必ずしもうまくいくわけではありません。公開後、株価が大きく下がるかもしれないのです。むしろ、小さく生んで大きく育てることのほうが望ましいのではないでしょうか。

株式公開は通過点

株式公開で得るものは資金だけではありません。ネームバリューが上がり、社会的認知度が高まります。人材の確保の点でも有利になります。当然、社会的責任も高まりますが、これは誇るべきことです。いろいろな意味で、今の時期は株式公開を目指し、実際に行うことが望ましいともいえるのではないでしょうか。

「株式公開は難しいというのではなくて、公開は単なる通過点です。まず市場に公開することが第一歩。公開したら会社を大きくするために経営努力をしていかなければなりませんが、ともあれ、その後のビジネス展開を有利に進めていくために、ぜひ、ベンチャー企業には株式公開に向かってがんばってほしいですね」（堀内氏）

第4章

ベンチャーキャピタルからの政策提言

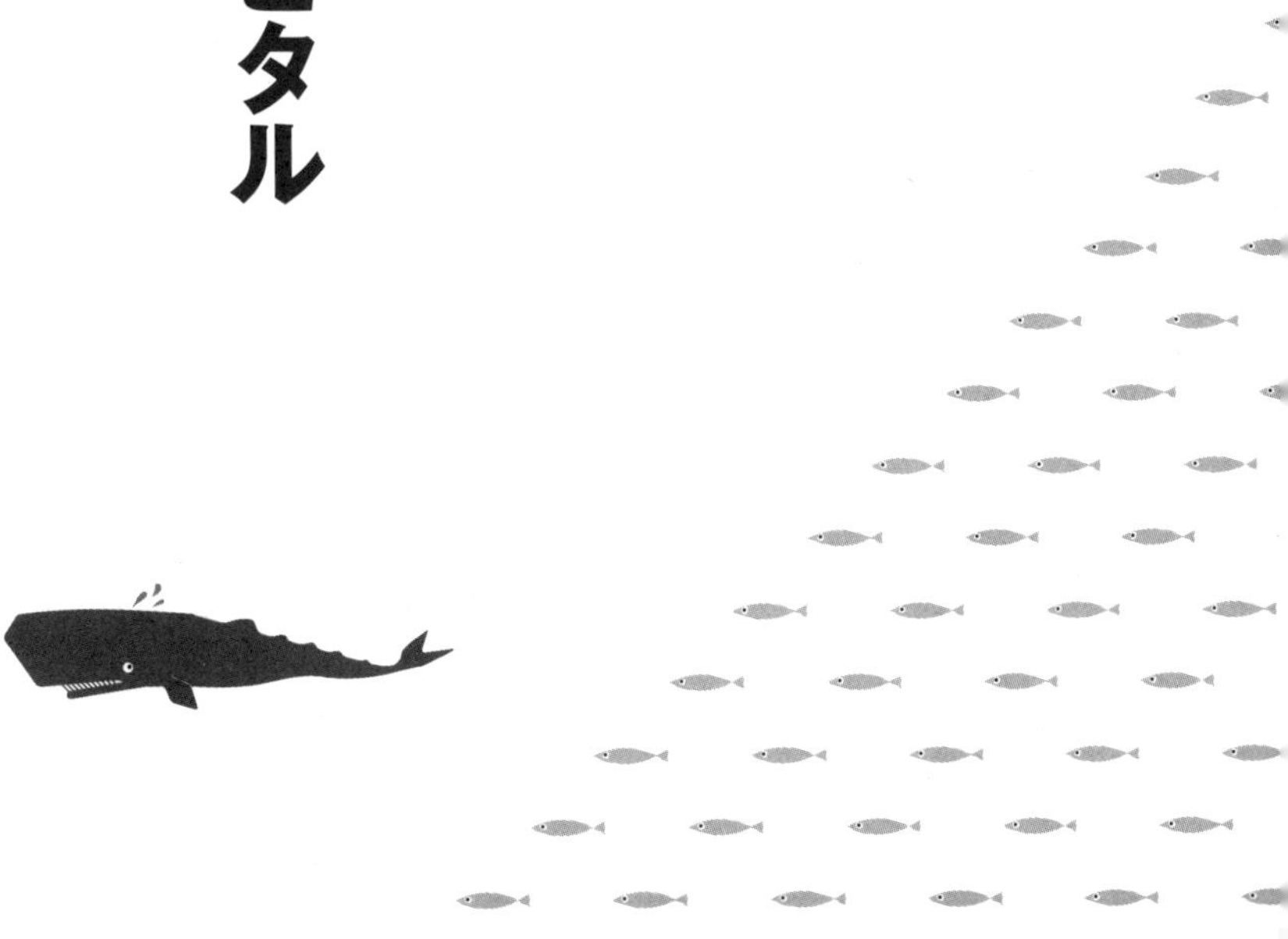

Episode 1

個人投資家（エンジェル）から見た課題

POINT 1

エンジェル税制における課題

第三部で述べたように関係各省庁からのベンチャー企業への支援制度は、全国で六〇〇種類以上のものがあります。しかし投資家、ベンチャー企業、ベンチャーキャピタルの立場から見るといくつかの課題が浮かび上がってきます。一つはエンジェル税制です。

エンジェル税制とは、個人投資家がベンチャー企業に投資することを容易にするために創設された税制優遇措置のことです。

さらに平成十五年四月一日からは、株式取得段階での優遇措置が創設されるとともに適用要件についても緩和されました。

個人投資家の皆様には是非活用していただきたい制度ですが、まだ課題が残っています。平成十五年四月に改正されたエンジェル税制について経済産業省・中小企業庁が発行している「エンジェル税制のご案内」とホームページ（ＨＰ）から引用します。

> エンジェル税制とは、経済産業局等が認定する一定の要件を満たすベンチャー企業（特定中小会社）の株式を取得した個人投資家（エンジェル）が、当該企業の株式を譲渡（売却等）することによって、
> ①利益が出た場合には、実現した利益のうち１／４だけが課税される
> ②損失が生じた場合には、実現した損失は他の上場株式の譲渡益（売却益）と合算して三年間にわたって繰越できる
> という課税の特例制度のことです。
> 個人投資家（エンジェル）は、この制度を適用してもらうためには経済産業局等の確認書を必要とします。
> また、譲渡（売却）損益が生じた場合は確定申告しなければなりません。

エンジェル税制の仕組みを紹介し、それぞれの課題について触れることにします。

エンジェル税制の仕組み

投資時点【投資額を他の株式譲渡益から控除】

一定の要件を満たす企業（以下「ベンチャー企業」という。）の株式を金銭の振込みにより取得した＊1 個人は、同一年分の株式譲渡益からそのベンチャー企業の株式の投資額を控除することができます。＊2

＊1 平成15年4月1日以後に取得し、その年12月31日において有するそのベンチャー企業の株式として次により計算したものに限ります。

（その年中に払込みにより取得した株式数 ― その年中に譲渡又は贈与した株式数）

＊2 控除を適用した年の翌年以後の当該ベンチャー企業の株式1株当たりの取得価額等は次により計算します。

（控除を適用した年の12月31日における当該ベンチャー企業の株式1株当たりの取得価額等 ― 控除の適用を受けた金額／控除を受けた年の12月31日において有する当該ベンチャー企業の株式数）

㊎ ベンチャー企業へ投資した年に他の株式譲渡益が300万円あった場合

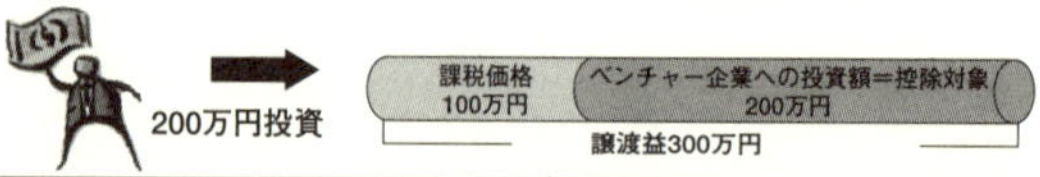

売却時点：利益が発生した場合【譲渡益を1/2に圧縮して課税】

ベンチャー企業の株式を金銭の払込みにより取得した＊1 個人が、ベンチャー企業の上場等の日において、投資した日の翌日から3年を超えて当該株式を保有していた場合において、上場等の日から3年以内 ＊2に売却したときは、譲渡益を1/2に圧縮して課税する特例が受けられます。この結果、上場株式などの譲渡益に係る申告分離課税の税率10%の実行税負担率は5%に軽減されます。

＊1 平成15年4月1日から平成17年3月31日までの間に取得したものに限ります。
＊2 平成15年4月1日以後に売却した株式が対象となります。

例 投資先企業が上場して、株価が1,000万円に上昇して売却した場合

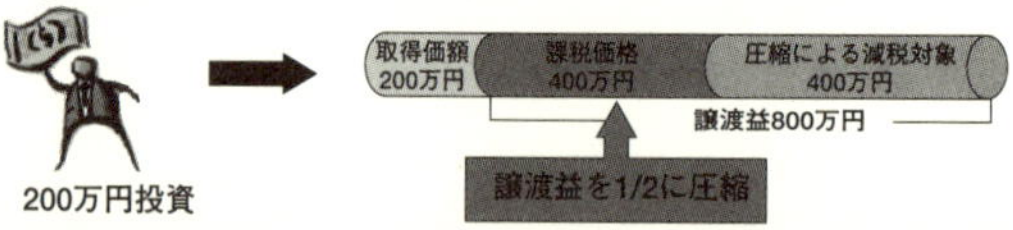

売却時点：損失が発生した場合【損失の翌年以降3年間の繰越控除】

ベンチャー企業の株式を金銭の払込みにより取得した個人が、上場等の日の前日までの間に、当該株式の譲渡により生じた損失（当該損失発生年に他の株式の譲渡益がある場合、その利益を通算し、なお損失として残る金額）を、その年の翌年以降3年にわたって繰り越して、他の株式譲渡益から控除できる特例が受けれられます。また、適用期間内に、ベンチャー企業の解散（合併による場合を除く）に伴う精算結了や破産宣告によって、当該株式の価値がなくなった場合にも、一定の金額を譲渡による損失とみなして、上記の繰越控除の特例が受けられます。

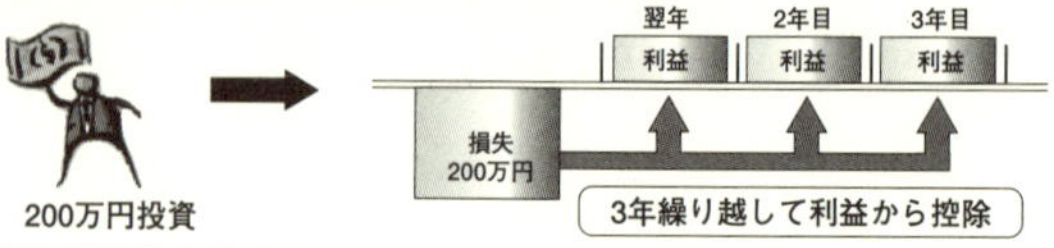

エンジェル税制の対象

対象となるベンチャー企業の用件 1

★創業期（設立10年以内）の中小企業者であること □
【必要書類】商業登記簿謄本

★新たな事業を実施するために売上高の一定割合の費用を支出している企業であること □
●研究開発費や市場開拓のための宣伝費・マーケティング調査費など新たな事業を実施するために特に必要な費用（どのような費用が対象となるかは最寄りの経済産業局等にお問い合わせ下さい）の売上高に占める割合が3%以上（設立5年超10年以内の企業にあっては5%以上）

★●設立1年未満の企業（設立時の払込の場合を含む）場合、常勤の研究者数の常勤社員数に占める割合が1/10以上。 □
【必要書類】財務諸表、社内組織図
→製造業だけではなく、サービス業、金融業等でも上記に該当すれば対象となります。

★外部からの投資を投資時点で1/6以上*取り入れている会社であること □
●投資を受けた後に、発行済み株式の総数が30%以上の株式を保有している株主グループ（株主とその親族などを言う）の保有している株式の数が、発行済み株式の総数の5/6を超えないこと。但し、発行済み株式の総数の1/2以上保有している株主グループがいる場合、その株主グループの保有している株式の数が、発行済み株式の総数の5/6を超えないこと。
【必要書類】株主名簿等
*平成15年4月1日以後に取得した株式については、外部資本要件が1/3以上から1/6以上に緩和されました。

★大規模会社の子会社でないこと □
●大規模会社（資本金1億円以上などの法人）及びこれと特殊の関係にある会社（大規模会社の子会社等）によって、発行済み株式の総数の1/2以上を保有されていないこと。
【必要書類】株主名簿等

対象となる個人投資家の要件 2

★投資契約を締結していること □

★金銭の払込により、対象となる企業の株式を取得していること □
●他人から譲り受けた株式、現物出資等により取得した株式は対象にはなりません。
【必要書類】株式申込み証の写し等

★特定中小会社が同族会社である場合には、同族会社の判定の基礎となる株主グループ（その会社の上位3位までの株主グループ〔個人及び親族など〕）に属していないこと。 □

投資事業組合を通じた取得の場合 3

★投資事業組合が次のいずれかの形態に該当すること □
●任意組合：民法667条に規定する組合契約の締結によって成立する組合
●投資事業有限責任組合：中小企業等投資事業有限責任組合契約に関する法律第2条第2項に規定する中小企業等投資事業有限責任組合
*匿名組合、人格のない社団などに該当する場合には対象になりません。

★個人投資家が投資事業組合の事業に係る収入金額等について、その分配割合に応じてその個人投資家が収入金額等として計算している場合〔所得税法基本通達36・37共−20の（1）〕 □

経済産業局等の確認手続き

個人投資家が直接ベンチャー企業に投資する場合

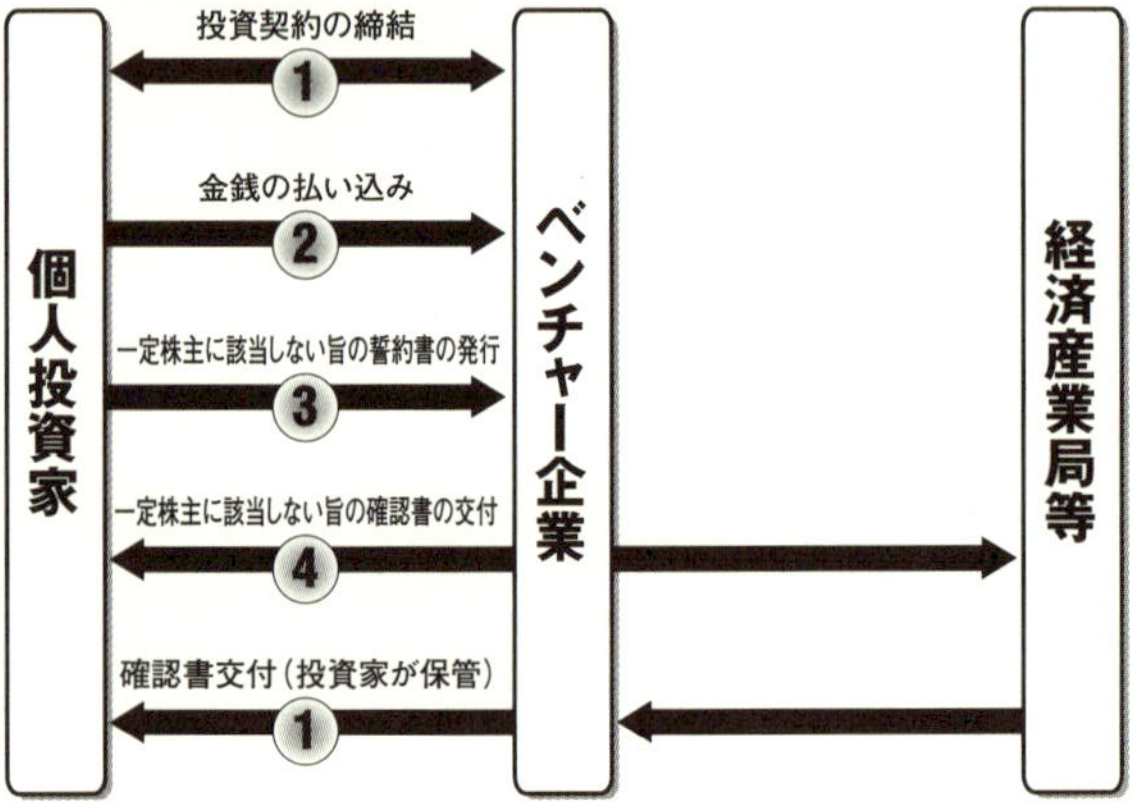

個人投資家が投資事業組合を通じてベンチャー企業に投資する場合

1.譲渡利益発生
2.譲渡損失発生の場合
3.精算結了・破産宣告による損失が生じた場合

のすべての場合について、上記の「直接投資の場合」に提出する書類に、以下（1）～（2）の書類を追加して下さい。

（1）投資事業組合の決算書
（2）個人投資家の持分に応じた決算書（賃借対照表が付いたもの）
（3）投資の明細（各銘柄の取得価額、組合としての取得株数など）
※経済産業局長などが発行した確認書には、投資事業組合に通じた取得である旨が追記されます。

★エンジェル税制の特例を複数回利用する場合は、経済産業局等へ確認書の再発行を申請してください。

※契約書・各書類の書式内容等詳しくは、お近くの経済産業局等へご相談ください。

確定申告時の手続き

個人投資家が直接ベンチャー企業に投資する場合

(1) 経済産業局等が発行した確認書
(2) 特定中小会社の一定の株主に該当しないことの証明書類
(3) 株主投資契約書の写し
(4) 株式移動状況明細書
(5) 証券会社から交付を受けた取引報告書
(6) 精算結了の商業登記簿(抄)、破産宣告の公告等
(7) 特定中小会社が発行した株式の取得に要した金額の控除の明細書(用紙は税務署に用意されます)
(8) 損失の金額の計算等に関する明細書等(用紙は税務署に用意されます)

1. 投資時点:控除制度の場合
   (1)～(4)、(6)及び(7)の書類の提出
2. 売却時点:譲渡利益発生の場合
   上記(5)を除き(1)～(6)の書類の提出
3. 売却時点:譲渡損失発生の場合
   上記(5)を除き(1)～(6)及び(8)の書類の提出
4. 精算結了・破産宣告による損失が生じた場合
   上記(5)を除き(1)～(6)及び(8)の書類の提出

★エンジェル税制の特例を複数回利用する場合は、経済産業局等へ確認書の再発行を申請してください。

個人投資家が投資事業組合を通じてベンチャー企業に投資する場合

上記に加えて、
(1) ベンチャー企業は各経済産業局等に対し確認申請時に投資事業組合の形態が任意組合又は投資事業有限組合に該当することを証するための「組合契約書」の写し及び「組合契約等の内容の証明書」の写しを添付してください。
(2) 上記の手続きのため投資事業組合はベンチャー企業に「組合契約書」の写し及び「組合契約等の内容の証明書」を添付してください。

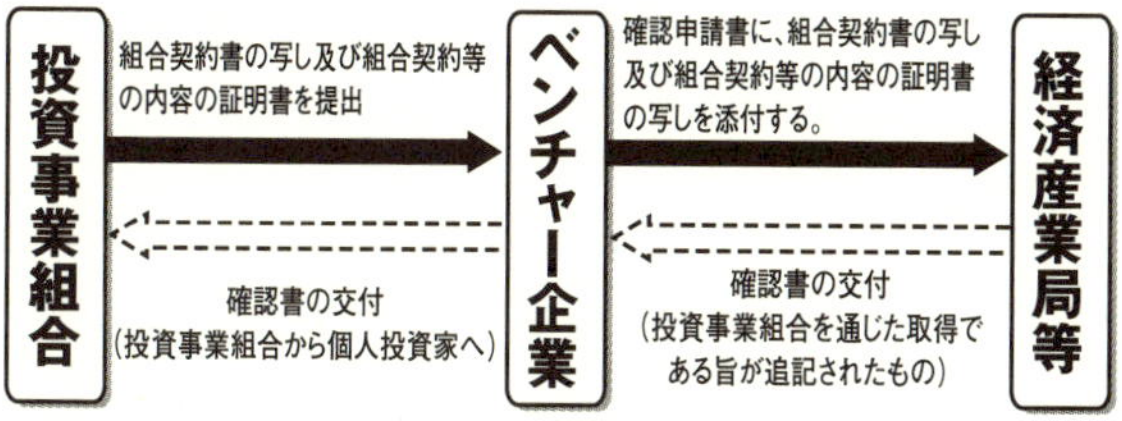

※契約書・各書類の書式内容等詳しくは、お近くの経済産業局等へご相談ください。

POINT 2

エンジェル税制における手続き面での課題

エンジェル税制の適用を受けるためには一定の手続きを踏む必要があります。経済産業局等が認定した「一定の要件を満たすベンチャー企業（特定中小会社）(*)」に投資したという確認書がなければこの優遇税制の適用を受けることができません。

（*）「一定の要件を満たすベンチャー企業（特定中小会社）とは、「エンジェル税制のご案内」頁で紹介している「対象となるベンチャー企業の要件」をご覧下さい。

一つは個人投資家が直接ベンチャー企業に投資する場合です。この場合は直接個人投資家が投資先ベンチャー企業を通して経済産業局等に申請し確認書を交付してもらいます。

もう一つはベンチャーキャピタル会社が組成した投資事業組合を通じて投資する場合です。この場合は投資事業組合（ベンチャーキャピタル会社）が個人に代わって投資先のベンチャー企業を通して申請し確認書を交付してもらいます。

いずれの場合も投資を受けたベンチャー企業が「一定の要件を満たすベンチャー企業（特定中小会社）」であることを確認する必要性から経済産業局等に申請し確認書を交付し

てもらうことになります。

これでは個人投資家（エンジェル）にとってもベンチャー企業にとっても手続きが煩雑すぎてベンチャー企業に投資することは面倒だと思われる欠点があります。

そこで少なくとも個人投資家がベンチャーキャピタル会社が組成した投資事業組合を通してベンチャー企業へ投資する場合は、この手続きを簡素化しても良いのではないかということです。

ベンチャーキャピタル会社（例えば、日本ベンチャーキャピタル協会会員）が投資する中小企業は自動的に「一定の要件を満たすベンチャー企業（特定中小会社）」として認定され、ベンチャーキャピタル会社が経済産業局等に届け出ることによってベンチャーキャピタル会社が個人投資家（エンジェル）に確認書を交付できるようにすることが考えられます。

このように手続きが簡素化されることによって個人投資家（エンジェル）の資金はこれまで以上にベンチャー企業に流れていくと思います。

POINT 3

課税範囲の緩和

エンジェル税制による優遇が受けられるケースは譲渡益課税額が1／4に圧縮できる点を除けば、あくまでもベンチャー企業への株式投資によって譲渡損が発生した時に上場株式の譲渡益と相殺できるという優遇措置であり、投資の前提には上場株式投資をしている投資家を対象としている節があります。

個人投資家でもエンジェルと上場株式投資家とは区別して考える必要があります。多くのベンチャー企業を創出するには、多くの個人投資家（エンジェル）が必要です。純粋にエンジェルとしてベンチャー企業を応援する人にとって、現在のエンジェル税制は優遇措置といえない点がその他にもたくさんあります。

株式譲渡所得との相殺だけでなく、全所得からベンチャー企業への投資額を全額控除するといったような大胆な改革など、投資した時点での優遇処置を拡大する必要があると思います。

というのも、ベンチャー企業（未公開企業）投資から利益が発生するまでには少なく見積もっても三～五年の期間がかかります。その間個人投資家（エンジェル）は、流動性リスク、信用リスクといったリスクにさらされるわけです。

個人投資家（エンジェル）からベンチャー企業投資を促すのであれば現在の制度はまだまだ決定力不足だと思います。

海外の事情を例にとってみますと、英国やフランスでは投資時点において、一定割合（英国では投資額の二〇％、フランスは投資額の二五％）を所得額からの控除することが認められています。特に英国では控除の上限が約二八〇〇万円もあり、個人がベンチャー企業へ投資する大きな要因となっています。その他に米国でも、一般所得と譲渡所得の損益通算が認められています。

我が国においても、投資した時点での優遇処置や、損金が発生した場合の損失の繰越期間延長など、税額控除制度の拡充が必要です。

投資事業組合を通じたベンチャー企業投資の場合も課題が残ります。

投資事業組合には満期期間があります。したがって期間の満了によって投資先の株式を公開前にやむを得ず売却することがあります。このことは未上場株式の譲渡（売却）に該当します。平成十五年の税制改正で上場株式の譲渡所得税率が一〇％に緩和されましたが、未上場株式の譲渡所得税率は二六％のままに放置されて、緩和の対象に入りませんでした。

前述のようなケースでは不利益をこうむっていることは明らかです。

日本経済にとって上場株式市場の活性化は重要な項目であることは疑う余地がありませんが、ベンチャー企業の創出も重要なテーマのひとつです。未上場株式への投資は上場株式と比べ投資期間中の流動性もなく、情報も限られており、リスクが高いものです。

一方、政府・行政をあげてベンチャー企業の創出を謳っているにもかかわらず、未上場株式投資については今回の株式譲渡所得課税の緩和に盛り込まれませんでした。

私たちベンチャーキャピタルの立場だけでなく経済効果等の観点からも、じつに残念であると同時に片手落ちの感を否めません。

Episode 2

法人投資家から見た課題

POINT 1

税制面での課題

ベンチャー企業への投資において、法人投資家には個人投資家のような税制面での優遇措置はありません。

しかしながら、法人投資家についても税制面での優遇措置を講じることによってベンチャー企業への資金導入を図ることは日本経済社会にとってプラスにこそなれ、決してマイナスになることではありません。

法人投資家の場合、子会社などを容易につくることができることから、子会社投資を除外するなどの制約を設けなくてはいけません。

それでも優遇措置は必要と思われます。

例えば創業後五年未満のベンチャー企業への投資については投資額の幾ばくかは税額控除するといった優遇策を講じるとか、投資事業組合の出資から得られるキャピタルゲインを非課税にする措置の適用などが考えられます。

ベンチャーファンド（投資事業組合）投資や、ベンチャー企業投資は、個人投資家（エンジェル）のところでも触れたように、投資した企業からの成果が表れてくるには早くても三〜五年かかるようにリスクが大きくマイナス要因が早く発生する傾向があります。ベンチャー企業投資の場合、残念ながら成果が上がる前に、投資先企業の業績が悪化したりすると償却を余儀なくされることなど、投資損失が投資回収に比べて早く顕在化する傾向にあります。

投資事業組合に出資した法人の投資損失準備金に対する非課税措置を設ける措置を講じることで、より多くの法人資金がベンチャー企業投資に向うことになるのではないでしょうか。

POINT 2

会計処理方法における課題

法人投資家の中でも特に完全認識法（全展開型）を採用している金融機関は、直接ベンチャー企業へ投資した際は勿論、ベンチャーファンド投資した場合も「営業投資有価証券」勘定科目での計理処理が必要です。そして投資先の評価は、例え将来有望な技術を持っているベンチャー企業だとしても財務内容によって融資債権と同じ範疇で分類されます。

ベンチャー企業の財務内容は企業自体が発展途上の段階にあり、資産もないことから担保もなく、健全性に欠けることが多く、融資債権と同じ範疇で評価されるとほとんどが不良債権に分類されてしまうことになります。

これでは、地域経済への貢献を目指している金融機関であっても、ベンチャー企業への投資やベンチャーキャピタル・ファンドへの投資を躊躇してしまうことになります。

特に創業間もないシーズやアーリー段階のベンチャー企業の多くは、また研究・開発（事業プラン）段階の途上であり売上も立っていない状態なのです。

ベンチャー投資の本質は、ベンチャー企業の持つ技術、ビジネスプランが将来有望な市場へと発展・成長していくと確信しているところにこそあるのです。

ベンチャー企業への投資と融資を同じ概念で取り扱われることについて、疑問を投げかける金融機関が増えてきています。

ベンチャー企業投資と融資を区別し、投資については例えば三年間は引き当て対象から外すなどの処置が必要かと思います。投資した直後から、全額を引き当てなければならないようでは、ベンチャー企業への投資は増加しないからです。

Episode 3

ベンチャー企業側から見た課題

POINT 1

制度面における課題

ベンチャー企業の起業を阻んでいる制度面での課題は枚挙に暇がないほどです。
そうした課題を解決するための方策について以下に列挙してみました。

①ベンチャー企業の創業手続きの簡素化が必要。
イ）各種の許認可事項を届出事項にする。
ロ）設立登記の際にベンチャーと認められる企業の登記においては、諸費用のうち印紙税等軽減する。

②大企業からのスピンアウトを容易にする制度を導入する。
イ）ベンチャー企業を創業するために退職する場合は、退職金課税を軽減する。
退職者が起業する場合の退職金課税の優遇措置等が整備されれば、大企業からスピンオフしてベンチャー企業を起こそうとするアントレプレナーが増えるでしょう。
③起業に関する行政のサービスや情報を土日を含めて二四時間アクセスできる施設を設置するだけでなく、アクセス料を軽減する。
④インキュベーション施設を整備している大学に対する税制優遇措置を講じる。
⑤ベンチャー企業の資金調達を容易にするため私募債発行を弾力化する。
⑥ベンチャー企業が行う資産取得や経費支払いに対する税務上の優遇措置を講じる。
失敗を恐れないための社会整備も必要です。起業家は大きなリスクを背負いながらベンチャー企業を起こそうとしています。

現在の日本の社会では残念ながら事業に失敗してしまうと敗残兵のような目で見られがちです。

起業家の中には失敗の経験から多くのものを学び、次にチャレンジしていく糧として再度ベンチャー企業を立ち上げようとする意欲のある人が大勢います。
彼らにはもっと寛容な社会が必要かもしれません。

POINT 2 税制面における課題

現在のところベンチャー企業に対する法人税の減免や免除についての優遇処置がそれほど講じられているとは思えません。

特にベンチャー企業として認定を受けた中小企業は、例え黒字化しても創業以降五年間は法人税の五〇％程度を免除する等の思い切った政策が必要ではないでしょうか。

ベンチャー企業の損失繰越期間の延長もあります。日本の現行制度では欠損金の繰越期間は五年です。米国では二〇年、英国は無制限となっております。損金分を長期にわたって課税所得から差し引くような税制の導入が不可欠ではないでしょうか。

韓国ではＩＴ産業を中心とするベンチャー企業の育成を強力に推進していることから、税制面での優遇策として創業から五年間は所得税・法人税を五〇％減免しています。

財産税・総合土地税の五〇%減免や、事業用財産の登録税減免（七五%、創業から二年以内に取得した事業用財産）等も行われています。

ベンチャー企業側はこうした優遇策を受けることや、個人投資家（エンジェル）やベンチャーキャピタルからの出資を容易にするために、企業情報を正確かつ迅速に投資家に伝える必要が出てきます。

現在の決算報告書による伝達のみならず、電子機器を利用しての情報提供方法の認知等が必要になってきます。

ベンチャー企業への投資機会を拡大させるのは、各種の組織（例えばニュービジネス協議会、商工会議所、大学等）と連携してベンチャー企業をベンチャーキャピタルに紹介する、出会いの機会を増やしていくことも重要です。

Episode 4

ベンチャーキャピタルから見た課題

ベンチャーキャピタルがベンチャー企業に投資する資金には、自己資金（ベンチャーキャピタル自体の資金）とベンチャーファンド（投資事業組合）の資金があります。

ベンチャー企業が将来いくら有望であったとしても、事業を拡大していくためには支援制度からの事業資金だけでは大きく飛躍することは困難です。

そこで必要になってくるのがベンチャーキャピタルからの投資資金や金融機関からの融資資金です。

しかし、金融機関からの融資資金を受けるには、担保が必要だったり、創業者自らの個人保証を迫られる等多くの困難と高い壁があります。

そこで登場するのがベンチャーキャピタルです。

ベンチャーキャピタルはベンチャー企業が必要とする事業規模拡大のための資金を提供するためにあるのです。主として投資先ベンチャー企業の株式を取得する（投資する）ことによって資金提供します。その資金がプロパー資金であり、ファンド資金なのです。

ベンチャー企業への投資資金の一つであるファンド資金には当然のことながらファンドに出資する投資家が存在します。投資家としては生損保などの機関投資家、地銀信金などの地域金融機関、事業会社、外国人投資家をはじめ学校法人、宗教法人そして個人投資家などであります。しかし最近こうした投資家による出資が厳しくなってきています。

ベンチャーファンドが拡大しないことには、ベンチャー企業への投資資金は細ってしまいます。その結果ベンチャー企業への資金が断ち切れてしまうとベンチャー企業は育ちません。そこでベンチャーファンドへの資金流入を継続させるには潤沢な資金力のある投資家の存在が必要となります。

その潤沢な資金を持っているのが年金基金です。しかし現在の制度では年金基金の資金を日本のベンチャー企業投資のために活用することは殆どまれです。この年金基金の資金をベンチャー企業投資のために活用する仕組みの導入が不可欠でしょう。

現時点では日本の年金基金によるベンチャー投資（プライベート・エクイティ投資）は、

投資残高の一～二％程度と言われていますがそれはあくまでも海外のプライベート・エクイティ・ファンドに投資する形態をとっており（いわゆるファンド・トゥー・ファンズ）、日本国内のベンチャー企業に対する投資ではありません。

日本国内のベンチャー企業投資を促進するという意味では年金基金の導入はほとんど行われていないのが現状です。また、上記の場合も信託銀行がゲートキーパー（投資アドバイザー）となっているケースがほとんどですが、彼らは必ずしもベンチャー企業投資において十分な情報が得られているとはいえません。

その一方で、ベンチャーキャピタルは投資先であるベンチャー企業の情報を第一義的に把握・入手できる立場にあります。

ベンチャーキャピタルはベンチャー企業投資に於いては経験豊富なプロフェッショナルなのです。

年金基金の一部をベンチャーキャピタルが組成、運用する投資事業組合等に出資できるように手続等を緩和・簡素化することでベンチャー企業投資を促進、拡大していく必要があります。少なくともパイロット的に公的年金基金の一部を投資事業組合等に出資することを検討していただきたいと思います。

年金の運用姿勢は保守的であり、昨今の株式市場の低迷期において上場株式投資での運用成果が全体の足を引っ張っており、株式運用からの縮小をうながす警告すら出ています。ベンチャー企業への投資は未公開株式への投資であり、流動性や換金性においては上場企業の株式投資に劣っているので、リスクの高い運用であるといえますが、年金のように運用期間の長い資金こそプライベート・エクイティ（未公開企業への投資）への投資に向いているのです。

特に企業年金基金の導入においては、投資事業組合（二人組合：出資者が運用の委託者とベンチャーキャピタルの二社で構成するファンド）を組成する場合は、従来必要だった信託銀行を加えなくともよい仕組みも認めて頂きたいと思います。

これまでにも二人組合のような投資事業組合において、ベンチャーキャピタルが業務執行組合員もしくは無限責任組合員として信託銀行のような機能を果たしてきています。

この機能については既に投資事業組合の組合員が納得して行っているものであります。当社を始めとするベンチャーキャピタルでは投資対象・地域を限定した地域経済活性化ファンドや、産学連携ファンド、バイアウトファンドなどの二人組合をすでに運用している実績があります。

また、法人、特に金融機関からの資金導入においてもさきほど指摘したように、会計上の問題があります。

オルタナティブ投資の一つとしてプライベート・エクイティ投資がありますが、投資した直後から分類債権扱いでは、ベンチャー企業投資は増加しません。

行政の指導では、一方でベンチャー企業を創出するというアクセルを踏みながら、また一方で、担保価値のない投資には厳しい引き当てを要求する等といった矛盾したことが起こっています。

実際に多くの地域金融機関から不満が起こっています。早急に、会計上の問題点や、行政上の矛盾点を改善することを望みます。

個人の資金導入を容易にすることも必要です。

この項目は、さきほど個人投資家から見た問題点で指摘していますように、ベンチャーキャピタル・ファンドへ投資した時点での所得控除とか、ベンチャーキャピタル・ファンドからの投資はエンジェル税制を受けやすくする等です。

米国と比較して大きく遅れている我が国のベンチャー企業投資を促進するには、より大胆な対策が講じられることを望んでおります。

第5章

プロが教える事業計画書の書き方

Episode 1

Ⅰ 事業計画書はこう書こう

目的と本質

事業計画を作成する目的に関しては、様々な出版物に記載されているので、ここでの詳細は避けます。一般的にいわれていることは、およそ以下のようなものでしょう。

①これからやろうとするビジネスを体系的に理解・整理することで、成功するために必要な知識・考え方・判断基準を、瞬時に取り出せるようにしておくため。

②事業を（事前に）シュミレーションすることで、予想される失敗を事前に洗い出しすることで、成功確度を高めていくため。

③金融機関や投資家に対してビジネスを効率的・効果的に理解してもらい、必要な資金を獲得するため。

④仕入先や販売先を始めとするビジネス上のステークホルダーに事業を理解してもらい効率的に展開を図るため（時には、営業ツールにもなる）。

事業計画書を作成する目的として、これらはいずれも正しいものです。しかし、事業計画書を作成する本質をどのようにとらえるか、という観点が目的以上に重要に思えます。

事業計画書の本質とは何でしょうか。それを考える上で重要なのは、事業計画書を作成するものが自ずと負わなければならない責務を考えると浮き彫りにされます。自ずと負わなければならない責務とは何でしょう。それは、ビジネスを成功させる上で必要な活動を、明文化することで、事業計画の作成責任者～トップマネジメントがその活動にコミットしていくことを（会社内部と外部関係者に）宣言することにあります。

このことを体系化したものが、事業計画書の各計画項目に記述される「アクションプラン」につながってくるのです。

そうです。事業計画の本質とは、「アクションプラン」なのです。具体的には、(1)事業を成功させる上で必要な活動内容とは何か(What)、(2)その活動に対して誰が責任を担うのか(Who)、(3)その活動をいつまでにどのような段階を経て実行するのか(When)、といった三つの点を包含したものがアクションプランです。事業計画書の内容を信じて資金提供を受けたり外部から有益な応援をもらっているにもかかわらず、計画に明記したアクションプランを実行しないでいたならば、それは、一種の〝契約違反〟です。事業計画責任者の将来の信用問題にも係わってくることです。これは、事業に失敗した人の敗者復活を妨げるということでは決してありません。むしろ、誠実かつ真摯に事業に取り組んだにもかかわらず、残念ながら、失敗した事業に人に対しては、賞賛こそすれ、責めることは厳に慎まなければならないことです。しかし、明記したにもかかわらず活動を実行することとすらしないで失敗した人は、何度、事業に挑戦しても失敗するのは目に見えています。

このようにアクションプランというものが、事業計画書の中で非常に重要なポジションを占めているにもかかわらず、具体的なアクションプランを記述している事業計画書は限られてくるし、以上のような三つの点を完全に包含した事業計画書ともなると、非常に少ないというのが現状です。昨今の事業計画書を見ると、様々な分析フレームワークを活用して、見栄えのいい型に仕上げている計画書を大量に目にします。その中にはいわゆる〝事業計画屋〟とか〝事業計画代行屋〟といったコンサルティング会社が、ゴーストライターのごとく記述しているものが少なくありません。これらコンサルティング会社を活用することが一概に悪いとは言えません。しかし、アクションプランに関してだけは、トップマネジメント自らがコミットしなければならないため、本来であれば代筆できるものではありません。なぜならやむを得ぬ事情を除き、アクションを実行しなかったら、計画を提示した内外の関係者に責任を問われることになるからです。それほど大事なことを他人の記述にゆだねられますか。

　ここで、「アクションプランを詳細に詰め、着実に実行すれば、計画通りに事業が必ず成功するのか」といった疑問をおもちの方もいるでしょう。答えは、残念ながら〝否〟です。もちろん、アクションプランに添って真摯に実行しても成功しない場合もあります。その場合、提示された事業計画書を信じて資金を出した投資家や外部利害関係者は、事業計画の作成責任者を責めるわけにはいかないでしょう。実のところ新規に事業をたちあげた場合、九〇%が当初の計画通りにいかないのが現実です。実際に成功した企業でもその軌跡を追っかけてみると、当初の計画とは異なる事業形態となっていることもむしろ多いくらいです。それでも（むしろだからこそ）アクションプランが重要なのです。アクションプランを書くことで、成功確率も確実に高まるし、そして何よりも、アクションに対する〝リ・アクション〟を確実に吸収することで、トップマネジメントが有益な知識を獲得し、事業を正しい方向に効率的に推進していくことができるのです。

このような意味で、アクションプランを明確且つ具体的に記述することが、将来に役立つ事業計画書につながることになるのです。

以下は、アクションプランに重点を置いた事業計画書のアウトラインです。

■事業計画書のアウトライン

1. 概況

（ア）カバーシート
（イ）目次
（ウ）エクゼクティブサマリー
　①企業のミッションステートメント

②経営目標
③マーケティング計画
④財務計画
⑤主要アクションプラン
(エ)ファクトシート

2. 詳細本文

(ア)会社の現況、目指す方向
(イ)事業開発計画
①研究開発計画
②設備備品投資計画
③仕入れ・販売計画
④人材・組織開発計画
(ウ)マーケティング計画
(エ)財務計画

（オ）補足資料

事業計画書は、概況（ハイライト部分）と詳細本文とに分けられます。以下、各項目について詳述します。

概況（ハイライト）

概況は、詳細本文のエッセンスを簡潔にまとめあげたものですが、詳細本文の単なる要約と考えてはいけません。読み手が関心をもてるよう、工夫することが必要です。

一般に、事業計画書では、大げさな表現や過度のアピールを狙った表現手法を慎むべきですが、概況（ハイライト）部分でも同じことがいえます。読み手に魅力を感じさせるようなストーリー性と説得性をもたせる工夫が必要となりますが、概況（ハイライト）部分では、この点が、特に重要となります。

書く分量も重要です。ページ数にして、Ａ４で二～三枚以内にまとめると良いでしょう。内容としては、カバーシート、目次、エクゼクティブサマリーに加え、ファクトシートと呼ばれる会社の現況をあらわす書面から構成されます。

この中で、最も重要なものが、当然、エクゼクティブサマリーです。エクゼクティブサマリーの内容としては、①企業のミッションステートメント、②経営目標、③マーケティング計画、④財務計画、⑤主なアクションプラン、といった五つのポイントを簡潔にまとめあげればいいでしょう。

ミッションステートメントとは、自分たちはどんな会社で、どんな市場を対象とし、どんな製品・サービスを提供し、どうしてそれらの製品・サービスを顧客が購入したいと思うのか、といったことを簡潔にまとめた文章を言います。文章の行数にして、二行程度、多くとも三行以内にまとめあげることが必要です。

経営目標としては、後述する詳細本文のそれぞれの箇所に書かれている諸目標のうち重要なものを、抽出して書き出します。例えば、（1）いつまでに市場シェア○○％獲得といったマーケティング上の目標、（2）いつまでに売上○○円以上で経常利益は○以上といった財務上の目標、（3）いつまでにA製品の開発を終了させるといった研究開発目標、等といった各分野の具体的目標を、簡潔且つ具体的に掲げることです。四つ程度を抜き出して記述することが、望ましいでしょう。

マーケティング計画と財務計画については、事業計画後半部に記述される項目を要約したものに留めておけばいいでしょう。

エクゼクティブサマリーの中で、特徴的なのは、アクションプランを独立した項として設けている点です。

後述する詳細本文では、それぞれの諸計画ごとにアクションプランを記述することになりますが、エクゼクティブサマリーでは、詳細本文に記載したそれぞれのアクションプランから主要アクションプランを抽出し、独立させて、まとめて記述しておきます。

詳細本文

事業を進める上で必要な諸活動ごとに、詳細な計画を記述する箇所です。以下順を追って説明していきます。

■会社の現況、目指す方向

会社は、現状どうなっているのか。これから会社はどこに向かおうとしているのかを記述するところです。

設立経緯、会社の歴史（設立前後から今日に至る経緯）、経営哲学、中長期的に目指す方向、経営陣の略歴と各人の役割、従業員、資本金、発行済株数、直近事業における主要財務データ（売上高、経常利益、当期利益）、成功する上でのポイントを簡潔に記述します。設立年月、本社所在地等の詳細は、事業計画書の最後段の補足資料にての詳細補足することが望ましいでしょう。

■事業開発計画

各分野ごとにどんな活動を計画しているのか、といった点を体系的に記述する部分です。なお、後述するマーケティング計画や財務計画も、広い意味で事業開発計画に属しますが、これら二つのパートは、非常に重要な部分なので、別の項目として独立して記述したほうが良いでしょう。

ここで記述する主な内容としては、研究開発計画、設備備品投資計画、仕入れ・販売計画、人材・組織開発計画です。

■研究開発計画

どのような製品プロダクトを、いつまでに、いくらの資金を、何に費やし、誰が責任者となって研究・開発していくのか、研究・開発する上での課題とマイルストーンをどのように設定するか、計画進捗をいつのタイミングで誰が、どんな方法でチェックし評価するか、といったことを記述します。二つの点が特にポイントとなるでしょう。一つは、マイルストーンをどのように設定するかです。研究開発ステージにおけるマイルストーンを設定する場合、外部の利害関係者から理解しやすい型で設定することは意外に難しいものです（バイオベンチャーは、その点比較的設定しやすいかもしれません）。二つ目のポイントは、計画進捗チェックをいつのタイミングで行うかです。頻繁に行うことが望ましいのですが、余りに頻繁に行うとチェックにばかり気を取られ、かえって進捗を妨げてしまいます。また、チェックする頻度を減らすと、代替アクションを初めとするリカバリーができない等、計画調整や見直しをしなければならないタイミングを失し、場合によっては、手遅れとなる危険もあります。業界や各事業の諸事情によりますが、一回／週のチェックを基本とし、重要事態が発生した（もしくはしそうな場合は）一回／日にきりかえるといった弾力的対応が必要となります。

また、複数のパイプライン（研究開発シーズ）を持つか、一つのパイプラインに集中するかといった選択も必要となります。

■設備・備品投資計画

どの製品・サービスを製造するために、どのような設備を、いつのタイミングで、いくらかけて購入し、いつセットアップ・テスト稼動・本稼動するのか、といったことを記述します。また、責任者はだれで、なぜその設備が必要で、設備の購入価格がいかに適切であるかについても記述することが望ましいでしょう。設備購入代金の支払・決済方法についても、言及すべきです。ここでいう設備とは、必ずしも製造設備のことを言うのでは有りません。近年のベンチャー企業では、むしろ土地・建物や製造設備などといった固定資産を、自ら購入することは余りないかもしれません。その一方で、増加の一途にあるものが、ソフトウェアやPCを初めとするコンピューター関連投資、電話・FAX・電話自動応答サービス機器といったコミュニケーション関連機器への投資、Webの立上げ費用などのインターネット初期投資費用といった情報関連機器への投資です。また、オフィスを借りる際の、保証金や敷金といったものも含まれます。

設備・備品投資のポイントとし

て、三つ指摘しておきます。

一つ目のポイントは、これらの投資に対する支払方法について、一括払いだけでなく、リースやレンタル、割賦といった様々な決算手段を予め算段して、事業計画書に反映しておくことです。

ビジネスが走り出してから、支払決済手段を考えるよりも、事業計画書を作成している時点で、できるだけ様々な決済手段を把握しておくのです。一旦、ビジネスが走りだしたら、じっくり考えている余裕はありません。

予め、決済手段を工夫して組み合わせることにより、キャッシュアウトをなるべく平準化ないしは、後回しにする工夫をできるだけ、考えておくことが重要です。

二つ目のポイントは、コンピューター関連投資をするとき、ハード機器から選ぶのではなく、利用するソフトウエアから選ぶということです。利用する会計ソフトや人事管理ソフト、データベースソフトを決定してから、その後、それに合ったハード機器を選定するという手順を守ることです。

三つ目はのポイントは、オフィスを借りる時、長期賃貸契約をできるだけ避けることです。それにより、保証金や賃貸料が多少高くなっても、できるだけオフィスを移転しやすい状態を保っておくことが重要です。低廉な賃貸料に目がくらみ、長期契約を締結してしまうと、事業がうまくいっても、うまくいかなくても、長期賃貸計画が、その後の展開の足かせになってしまうのです。

ビジネスが予想以上に拡大しオフィスが狭くなり、移転する必要が生じる場合もあります。その場合、損害賠償違約金を支払って移転することになり、結果的に割高となります。又、逆にビジネスがおもうように立ち行かなく、狭いスペースに移転する必要に迫られる場合もあります。その場合も、又、損害賠償違約金を支払って、オフィスを移転することになります。

■仕入れ・販売計画

基本は、月次ベースで仕入れ販売計画を記述しますが、主な仕入れ・販売対象者と、かれらとのビジネス上の関係の強弱（非常に親しいとか、独占的契約を結んでいる等）についても記述すべきでしょう。また、ビジネス上の関係が薄いのであれば今後どのようにして関係を深めていくか、その方法についても言及するとよいでしょう。良い仕入れも良い販売も、良いパートナーとの信頼をベースとしたビジネス関係が不可欠であることから、綿密な関係構築計画が望まれます。また、販売を計画とおりに進捗させていくには、営業担当者の管理・推進手法が大きなポイントとなります。通常、立ち上げたばかりの事業で、代理店など間接販売で成功しているビジネスはごくわずかです。成功している企業の、ほとんどが、自ら直接販売をおこなっているか、かつてはおこなっていたところです。一概に言えないかもしれませんが、直接販売を基本とした販売計画を作成すべきであり、直接販売が軌道に乗り、販売手法が組織内に定着してから、間接販売にまで拡張する計画が望ましいと思います。尚、販売計画の項目は、後段のマーケティング計画の中に，包含しても構いません。

一方、仕入計画についてですが、在庫に対する初期投資額・数量と、その必要性についてもここで記述しますが、適正な在庫水準と在庫管理方法についても、言及しておくべきでしょう。

■組織開発計画

トップマネジメントチームの略歴・互いの関係と強み、キーとなる従業員の略歴と役割、外部の有力な専門アドバイザーがいる場合は、その概略に関して記述します。また、組織図もここに記載します。ここで重要なのは、個人の経歴もさることながら、トップマネジメントのチームワークをどの程度確保できているかといった点です。トップマネジメントは創業者と重なることがほとんどです。ある程度発展した後ならまだしも、スタート当初から、創業者とトップマネジメントが別々であると、円滑に機能しないのが通例です。また、資金調達直後、外部から経歴輝かしい人物をトップマネジメントチームの一員としてヘッドハンティングなどで高給待遇で迎え入れるケースも見受けられますが、九〇%以上はうまく機能せず、仲違いしてしまうケースも少なくありません。欧米で一流のビジネススクールにてＭＢＡを取得したといった輝かしい経歴の持ち主であるほど、その傾向が強いように思われます。（多分、事業が思うようにいかなくなっても、他社への転職等逃げ道を容易にさがすことができるからでしょう）やはり、トップマネジメントのチームワークが充分に発揮されるようになるのには、時間が必要で、およそ一〜二年間はかかるのではないかと思います。

この他、事業成功にキーとなる外部アドバイザーがいる場合、その概略も記述すべきでしょうが、独占的または優先的な外部アドバイザーなのか、単なる一般的アドバイザーなのかによっても、受ける印象は大きく異なります。

最後の記述として、人的リソースにおける理想と現実の差異についても言及することが望まれます。

マーケティング計画

この部分で骨子となるものは、1）ターゲット市場の特性とその分析、2）競合分析と自社のポジショニング、3）販売戦略の三点です。

1）ターゲット市場の特性とその分析

市場規模、市場の成長性、市場の特性（数多くの小企業がひしめいているのか、数社で寡占状態か、一強対多数企業か等）、市場のトレンド、市場のセグメントと各セグメントのシェア、自社がターゲットとするセグメントを記述する部分です。

■規模と成長性

規模と成長性についてですが、一見、将来の市場規模が期待でき成長率も非常に高いマーケットがベンチャー企業にとって魅力的に感じられます。しかし、そのような市場は、大企業を含めて数多くの潜在的競合企業も狙っている市場です。また、そのような市場では、意外に差別化も難しく、たとえ差別化できたとしても、瞬時に模倣されてしまう傾向が少なくありません。知的財産権等を法的にプロテクトする手段もありますが、代替技術・ノウハウは複数あることが常です。同時期に、異なる会社から同じようなビジネスモデルが提案されることもあり、自社だけがユニークなアイディア持っているとは考えないほうが無難といえるでしょう。

■ターゲット市場の選定

日本国内に限った場合、いまだ存在しない全く新しい市場を対象としたビジネスが成功する確率は残念ながら低いといわざるを得ません。なぜなら市場そのものを認知させるためのマーケティング費用も莫大なものになり、また、推進主体となる企業の社会的知名度と信用が、他国に比しても市場の認知に大きく影響を及ぼすからです。仮に、市場認知するために莫大な費用を投じることを考えたとしても、広告をはじめとする市場認知にかかる費用を回収するには、大まかに言って一〇〇億円程度の規模が必要となります。一〇〇億円の市場規模が見込めるとなると、それだけ参入者も多くなることを覚悟する必要があります。

では、対象とする市場を選定する上で、どのような基準が適当なのでしょうか。

ここではあえて、当面見込める市場規模を五〇億円以上かつ一〇〇億円以下、市場の成長性が年率で一〇%以上かつ三〇%以下という基準を提案したいと思います（但し、ベンチャーキャピタルから投資資金を受け入れることを考える場合には、この基準はあてはまりません）。なぜこの基準を提案するのか。その理由は、大企業の当面の参入リスクを避けるためです。これまでの日本の産業界の歴史をみると、市場創出初期段階では、独立系の小規模企業群が主体だったにもかかわらず、大企業が圧倒的なリソースで後発参入し、小規模企業によるイニシアティブが奪われるといったケースが少なくありませんでした。

その一方で、大企業が新規事業に参入する基準をみると、既存事業とのシナジー効果といった点もさることながら、市場規模と市場の成長性を参入の目安としている事業会社が多く見受けられます。各社とも様々な社内基準を持っておりますが、大企業の場合、一〇〇億円以上の市場規模が期待できない新規事業開発プランは、魅力がない事業と位置付けていることが多いようです（一方、採算性の面では、ＮＰＶ（Net Present Value）をベースとした採算性内部収益率で二五〜三〇％のリターンを期待できるか否かを基準としていることころが多いようです）。加えて、余りに市場の成長性が高いと、市場にキャッチアップしていくために必要な資金やリソースの手当てが充分に追いつかない状況も生まれてきます。成長率が五〇％を超えると、その傾向が、特に顕著となります。米国などではベンチャー企業が大量の資金投資をベンチャーキャピタルなどから調達することで、市場にキャッチアップしているケースが頻繁に見受けられますが、日本の社会環境・金融環境では、目下のところ、非現実的といえます。

以上の諸点を考えると、日本国内においては、既に存在する市場であるものの、既存の市場では充分に満たされないニッチで明確な潜在的顧客層を発見した場合、非常に有効なビジネス機会となるでしょう。

■BtoBとBtoC

経験則ですが、日本のベンチャー企業の場合、BtoCマーケティングに比べて大企業を相手とするBtoBマーケティングのほうが、計画通りにいかないように思えます。その理由は、複数あります。まず、大企業と取引する場合、取引口座を開設する必要がありますが、伝統的大企業の資材・購買部門などでは、口座開設前に、取引見こみ先に対しての審査がなされます。この審査が、見方によっては、ベンチャーキャピタルの審査より厳しい面があるのです（例えば、社歴とか最低資本金水準など）。また、製品やサービスに対して、かなり高い要求水準を課している大企業も少なくありません。さらにいいますと、海のものとも山のものともわからないベンチャー企業と（リスクを犯してまで）取引を開始するだけのモチベーションを購買担当者などが持ちにくいといった面があることです。一方、ベンチャー企業側も、大企業内での意思決定・決済プロセスを充分把握していないため、適切な販売計画を立掌しきれていない点も指摘できます。

ＢｔｏＢマーケティングを考えているベンチャー企業にとって、主要顧客企業との人的コネクションを如何にして獲得していくか、主要顧客企業内の意思決定プロセスはどうなっているのか、意思決定に影響を及ぼすキーパソンはだれなのか、予算編成タイミングはどのようになっているのか等について、把握しておくことが重要となります。

一方、ＢｔｏＣマーケティングを考えているベンチャー企業の場合、参入対象セグメントをできるだけ狭めにとり、徐々にそのセグメントを広げていくというプロセスが有効です。例えば、将来、外食店舗のフランチャイズ展開を考えている場合、直営店を一店舗構え、そこで徹底的に、味、接客、店内オペレーション、ロジスティックスに関わるノウハウを蓄積し、標準化・マニュアル化を進めます。一店舗目の経営が安定化した後、二店舗目を出店するといったプロセスをとりますが、ここで重要なのは、二店舗目の規模は、一店舗目の規模を上回ってはならないことです。二店舗目の経営が安定したら三店舗目は、一店舗目と二店舗目の店舗合計規模を上回らない規模を基準にしていく方法が良いでしょう。

■製品・サービス

これまで提供してきた製品・サービスはどのようなものか、今後、提供しようとしている製品・サービス候補はどのようなものを予定しているのか等を記述します。製品・サービスが有する機能・競合製品と比較した場合の強み・弱み等にも言及していきます。

■販売戦略

前述の販売計画に記述した以外の点について、記述しなければならない項目として、顧客サービス政策、流通政策、価格設定政策、プロモーション政策、製品パッケージコンセプト、戦略的アライアンス・パートナー提携政策、製品サービスミックス戦略、マーケッ

競合比較　強、中、弱の三段階を記載

要因	自社	競合A	競合B
価格			
立地条件			
駐車場			
印象・心象			
商品の品揃え			
機能のラインアップ			
与信管理			
陳列			
販売研修と販売体制			
アフターケア			
配送サービス			
製造ラインの規模と対応力			
製造ラインの深さ			
製品性能			
スピードと信頼性			
耐久性			
機能の多様性			
利便性			
メンテナンス・修理のしやすさ			
導入時のコスト			
大きさ、重量			
デザイン性			

ト参入のタイミングがあります。各項目の詳細については、マーケティング専門書に譲りますが、ベンチャー企業に特有の問題として、いくつかのポイントを指摘したいと思います。一つ目のポイントは、ベンチャー企業にとって、価格設定政策と戦略的アライアンス・パートナー提携政策が特に重要だということでしょう。注文を獲得することに注力するあまり、市場参入当初に低廉な価格設定をしたために、多数の注文が舞い込んできているにもかかわらず、一

向に赤字から脱却せず、忙しさの余り赤字脱却方法を考える余裕もなくなっているというベンチャー企業が見受けられます。

一方、知名度の低いベンチャー企業が少しでも多くの利害関係者から前向きな協力をもらうには、知名度の高いアライアンス先とパートナーシップ締結することが、非常に有益となるのです。

■競合分析

主要な競合会社の概況と特徴を分析しますが、自社が、他社と比べてどんな点が優れているるか、市場セグメント内における自社のポジショニングを明確に認識することが、分析の目的です。優れている点・特徴のある点は、一つとは限りません。強力な差別化ポイントを一つだけもっている場合よりも、中程度の差別化ポイントを複数持っている場合（差別化ミックス）のほうが、ユニークなポジショニングを勝ち取れる場合もあります。競合比較表を参考にして、自社の差別化ポイントを明確化してみてください。

財務計画

財務計画は、これまで分析し記述してきた各項目の活動を具体的な数値に翻訳して、各種予想計画書に統合化したものです。詳細本文でこれまで記述してきた諸計画値は全てこの項で、定量的に体系化されるのです。例えば、研究開発投資や設備投資は、資金調達計画やキャッシュフロー予想計算書に繋がりますし、仕入れ・販売計画、マーケティング計画は予想損益計算書と密接に連携しています。そういう意味で、財務計画は、各項目での検討事項の集大成といえるでしょう。

財務計画では、以下の事項を網羅していなければなりません。

・資金調達計画
・財務予想計画
・過去の財務実績
・増資などを中心とした過去の資金調達状況・株主名簿

《資金調達一覧表の例》

初期所要資金（単位;千円）

科　目	コスト	自己資金充当	必要な資金	資金元
保証金・敷金	1000	1000		
当初在庫購入	2000		2000	借り入れ
修繕費	4000	1000	3000	借り入れ
設備投資	5000		5000	増資
オフィス用品	500	500		
初期弁護士費用	500	500		
PC通信機器購入費	1000	1000		
総計	14000	2000	16000	

月間所要運営資金

科目	黒字化までの所要資金	月間費用
賃貸料	9,000	500
広告宣伝費	900	50
交通費	1,440	80
元金支払	9,000	500
弁護士・税理士料	1,800	100
オフィス備品購入	1,440	80
修繕費	180	10
水道光熱費	360	20
その他	360	20
役員給料	18,000	1000
従業員給料	36,000	2000
アルバイト・パート給	9,000	500
保険料	18,000	1000
通信費	3,600	200
図書・調査費	900	50
総　計	109,980	~~4,750~~

黒字化までに必要な期間：18ヵ月

■資金調達計画

どのような性格の資金を、いくらの金額で、いつまでに必要とするのか、何に対して資金を利用するのか、資金提供者に対してどのようなリターンが期待できるか（又は、返済していくか）等を記述する項です。

必要資金は、会社の立上げ時点で必要となる初期所要資金表と黒字化するまでに必要となる月間運営資金表とに分けて資金調達一覧表にすると良いでしょう。

■財務予想計画

金融機関やベンチャーキャピタルなど資金提供者が最も、注目するところです。

一二カ月分の月次予想損益計算書と予想キャッシュフロー計算者、年次ベースの予想貸借対照表が基本ですが、今後三年分の損益計算書もあわせて用意すべきでしょう。計画を作成する上で、まず留意すべきことは、できるだけ保守的で確実な数値をベースに作成することです。楽観的な予想数値を出し、いざ、蓋を開けてみたら、計画数値を大幅に下回った場合、金融機関等に対する心象が非常に悪くなることがしばしばあります。そのため、可能な限り保守的且つ控えめな予測をたてることをお勧めします。保守的な数値を予測して、実際は数値を上方修正することとなれば、かえって心象が良くなることが多いものです。加えて、保守的で確実な数値をベースに作成することが、会社が生き残っていく確率を高めるのに重要なのです。（資金提供者に対する心象の良し悪し以上に、重要なことです）。

■前提条件

保守的で確実な数値をベースに作成するには、数値予想の基礎となる適切な前提条件を定義することが重要です。前提条件次第で、予想数値が楽観的になったり悲観的になったりするものです。

一般的にはどのような前提条件が利用されているのでしょうか。

大きく分けて、（1）予測売上高と粗利益の前提条件としての市場獲得シェア・シェア獲得予想時期と想定マージン率、（2）予想宣伝広告費や予想研究開発費といった統制可能費（変動費に近い）、（3）予想従業員増加率・支払金利水準といった固定費用、といった三つに分類され前提条件を決めていきます。（1）については、販売戦略や販売計画の項目と連動しており、（2）についても、マーケティング計画と研究開発計画の項目に連動しています。

欧米のビジネスプランを見ていると前提条件（Assumptions）に対する記述で、Ａ４で一ページにおよんでいるケースもしばしば見受けられます。

■一二カ月分の月次予想損益計算書

月次予想損益計算書は、月次レベルの売上高と費用の予測値を表にしたものですが、実績値と対比することで、予想損益計画を作成する本当の価値を実感できるでしょう。対比することで、将来の予測は、より確実なものになるでしょうし、（年次でなく）月次で対比することで、現在の問題点もタイムリーに把握できます。月次損益計算書は、通常、以下のプロセスで作成しますが、前述の前提条件を決定するためにも必要なプロセスです。

（1）業界平均主要経営指標データの収集

関連業界における標準的な売上原価率、粗利益率、販売管理費比率、営業利益率といった四つの経営指標を収集します。

（2）予想売上高の見積もり

《一二カ月損益計算書の例》　（単位：百万円）

	1月	2月	3月	4月	5月	6月	7月	8月	9月	10月	11月	12月	合計
売上合計	12.6	12.0	12.4	22.7	12.7	10.6	9.8	10.4	12.3	13.0	12.7	12.2	153.4
サービス売上	11.8	10.9	10.4	13.8	9.8	7.7	7.5	7.9	9.7	10.1	9.5	8.7	117.8
製品売上	0.8	1.1	2.0	8.9	2.9	2.9	2.3	2.5	2.6	2.9	3.2	3.5	35.6
材料原価	0.2	0.2	0.5	12.8	0.3	0.3	0.3	0.4	0.4	0.4	26.7	0.6	43.1
売上総利益	12.4	11.8	11.9	9.9	12.4	10.3	9.5	10.0	11.9	12.6	-14.0	11.6	110.3
販売費	1.8	1.6	1.0	2.0	0.5	1.6	0.6	1.1	1.7	0.9	0.9	2.4	16.1
管理費	2.2	1.8	1.7	1.7	1.7	1.9	2.1	1.7	2.1	1.7	1.7	1.8	22.1
その他経費	4.3	4.5	1.8	0.5	0.0	0.0	1.6	2.0	0.7	0.0	2.4	0.0	17.8
減価償却費	0.8	0.8	0.8	0.8	0.8	0.8	0.8	0.8	0.8	0.8	0.8	0.8	9.6
販売管理費合計	9.1	8.7	5.3	5.0	3.0	4.3	5.1	5.6	5.3	3.4	5.8	5.0	65.6
営業利益	3.3	3.1	6.6	4.9	9.4	6.0	4.4	4.4	6.6	9.2	(19.8)	6.6	44.7
その他収益	1.5	1.5	1.5	1.5	1.5	1.5	1.5	1.5	1.5	1.5	1.5	1.5	18.0
その他費用	1.8	1.8	1.8	1.8	1.7	1.7	1.7	1.7	1.7	1.7	1.7	1.7	20.8
経常利益	3.0	2.8	6.3	4.6	9.2	5.8	4.2	4.2	6.4	9.0	-20.0	6.4	41.9

数量×単価と納品予想タイミングを把握することが基本となります。留意する点としては、ＢｔｏＢの場合、売上発生時点が遅れる可能性が高く、しかも、その金額が大きくなる傾向があることです。

（3）売上原価の見積もり

〝（1）〟で収集した標準売上原価率を基準とし、実際の仕入れ価額などを参考にしながら原価率を見積もっていきます。

（4）粗利益の計算

（5）統制可能費用（変動費用）と固定費用の見積もり

（6）営業利益の計算

（7）その他の収益と費用の見積もり

その他の費用の中心となるのは、金利・支払利息等ですが、借り入れ条件から見積もります。「その他の収益」は、現実的には、ほとんど発生しないこと

《三カ年損益計算書の例》 （単位：百万円）

	2003		2004		2005	
売上合計	153.4	100.0%	339.0	100.0%	908.1	100.0%
サービス売上	117.8	330.9%	135.5	66.6%	195.8	27.5%
製品売上	35.6	100.0%	203.5	100.0%	712.3	100.0%
店頭売上	7.7	−	16.3	−	28.5	−
ウェブ販売	15.1	−	144.5	−	470.1	−
製造原価	43.2	121.3%	119.0	58.5%	463.0	65.0%
売上総利益	110.2	309.6%	220.0	108.1%	445.1	62.5%
管理費	22.1	62.1%	37.3	18.3%	46.8	6.6%
販売費	16.1	45.2%	119.3	58.6%	20.3	2.8%
その他経費	17.8	50.0%	82.5	40.5%	147.0	20.6%
減価償却費	9.6	27.0%	9.6	4.7%	9.6	1.3%
販売管理費	65.6	184.3%	130.7	64.2%	223.7	31.4%
営業利益	44.6	125.3%	89.3	43.9%	221.4	31.1%
その他収益	18.3	51.4%	18.5	9.1%	20.2	2.8%
その他費用	20.6	57.9%	18.8	9.2%	16.8	2.4%
経常利益	42.3	118.8%	89.0	43.7%	224.8	31.6%
税金	16.9	47.5%	35.6	17.5%	89.9	12.6%
税引き後純利益	29.0	81.5%	52.7	25.9%	126.4	17.7%

を前提としたほうがいいでしょう。但し、政府を始めとする公的機関からの補助金・助成金が見込まれる場合は、ここで見積もります。

（8）経常利益の計算

■三カ年損益計算書

一二カ月分の月次損益計算書をベースに二年目、三年目の予想損益計算書を作りますが、初年度における一二カ月分の月次損益計算書ほど、正確なものを作る必要はありません。市場の予想成長率や年度毎の目標シェア等を参考にして、傾向値から予想売上高を算定し、諸費用を見積もるという手順で計算を組み立てていけばいいでしょう。

■キャッシュフロー計算書

財務予測計画の中で、最も重要な計算書です。キャッシュフロー計画書は、月初・月末現預金残高、キャッシュイン諸項目、キャッシュアウト諸項目の三つから構成されます。立上げ間もないベンチャー企業にとっては、損益計算書や貸借対照表よりも特に重要な計算書となります。また、資金の出し手となる銀行等の金融機関に充分な返済根拠があることを説得するためのツールともなります。予想キャッシュフロー計算書は将来十二ヵ月分のものを作成すべきでしょう。以下、五つの手順で作成します。

（1）事業開始月の先頭に事業開始時点の現預金残高を記入します。

（2）キャッシュイン項目として以下の科目に分類し、予想入金月別に金額を記入していきます。

●キャッシュイン項目

現金売上

売掛金回収
（手形決済）
利息配当金収入
借入金受け入れ
増資
（手形割引）
（3）次に、キャッシュアウト項目として以下の科目に分類し、予想支出月別に金額を記入していきます。

●キャッシュアウト

原材料・商品仕入れ
役員給与
従業員給与（営業、製造、間接部門別）
社会保険・健康保険等
外注費
賃貸料

各種保険料
通信費
交通費水道光熱費
その他経費
支払利息
借入れ返済

（4）キャッシュイン総計からキャッシュアウト総計を差し引いて、キャッシュフローを計算する。
（5）最後に、月初現預金残高からキャッシュフローを加算して、月末現預金残高を計算する。

キャッシュフロー計算書を作成する上で、いくつかの留意点を以下に示します。

現金支出の見積もりは、現金収入の見積もりより、はるかに正確にできます。それに対して現金収入は、正確に予測することが難しく、特に、季節によって変動を受けやすい商品やサービスを取り扱うベンチャー企業の場合、閑散期であっても恒常的な支出に対応で

《資金繰り表の例》　（単位：千円）

	1月	2月	3月	4月	5月	6月
期初繰越金	49,200					
サービス売上	11,800	10,900	10,400	13,800	9,800	7,700
店頭売上	440	480	1,040	640	550	420
ウェブ売上	360	360	720	3,720	1,006	1,006
売掛金回収	0	240	240	4,560	1,344	1,440
リース収入	1,300	1,300	1,300	1,300	1,300	1,300
利息収入	202	199	207	212	227	234
借入	50,000	0	0	0	0	0
収入合計	64,102	13,479	13,907	24,232	14,227	12,100
管理費	2,180	1,740	1,730	1,720	1,720	1,900
販売費	1,750	1,600	1,000	2,000	480	1,630
製造費	0	0	0	12,096	0	0
充填費	220	200	540	670	300	320
広告費	2,000	4,500	1,000	500	0	0
賃金費	1,550	0	0	0	0	0
サーバー費用	800	0	800	0	0	0
税金	2,952	2,255	0	0	0	0
利息支払	3,292	3,292	3,292	3,292	3,292	3,292
資産購入	0	0	0	0	0	0
出資金回収	1,500	1,500	1,500	1,500	1,500	1,500
支出	6,244	15,087	9,862	21,778	7,292	8,642
収支	47,858	−1,608	4,045	2,454	6,935	3,458
現金残高	97,058	95,450	99,495	101,949	108,884	112,342

きるよう、早めに資金調達をしておくことです。また一見、ＢｔｏＢビジネスのほうが入金のタイミングが予測し易いように見えますが、実際のところ、ＢｔｏＣより見えにくい部分があります。製品やサービスの納品が済んでも、色々な理由から検収時期が遅れ、入金のタイミングが当初よりもかなり後になって狂うことが、しばしば生じるからです。一件あたりの契約納入金額が大きい分、資金繰りに与える影響も大きくなります。

支払は、確実に到来する一方、

収入は不透明なのです。立ち上げ当初のベンチャー企業は資金繰りに、充分、神経を使ってください。大きな支出については、数ヶ月以上前から予測できるはずです。支出をできるだけ平準化させるためにも、分割払いや分割購入、リースやレンタルといった金融決済手段を駆使し、キャッシュアウトの平準化をこころみてください。

なお、金融機関からの借入れや返済は、別項目として独立させる場合が、多くみられますが、事業スタート時点では、分けなくても良いかもしれません。また、手形割引によるキャッシュイン項目については、ここでは括弧で表現しました。当然、手形受領が予想される場合は、項目として明確に追加すべきです。最近の傾向として、手形決済の割合は以前ほど、少なくなったようです（いい傾向だと思います）。また、最近のベンチャー企業では、手形受取比率は、伝統的業種に属する歴史のある企業に比べて、少ない傾向にあるといえるでしょう。世界的にみても日本の手形慣行は、特殊なケースであるといっている方たちもいます。新しい産業であればあるほど、手形慣行はありません。手形慣行は、便利な面もありますが、全般としてビジネスにたずさわる企業のリスクを増大させる要因となります。これから起業されようとする方々には、手形慣行のない新しい産業に是非、挑戦してもらいたいものです。

《過去の資金調達状況一覧表》

年月	内容	発行株数	発行価格（行使価格）	割当先	発行済株数	発行済株数（含；潜在株）
1997年	設立出資	500株	50,000円	社長、副社長	500株	500株
1998年4月	第三者割当増資	500株	50,000円	役員一同	1,000株	1,000株
1999年5月	ストックオプション	50株	50,000円	役員及び従業員	1,000株	1,100株
2001年3月	株式分割	1:1.2	ー	ー	1,320株	1,320株
2002年1月	第三者割当増資	300株	100,000円	ベンチャーキャピタル	1,620株	1,620株
2003年3月	転換社債発行	500株	100,000円	ベンチャーキャピタル	1,620株	2,120株

■過去の財務実績と増資等の資金調達状況、株主名簿

過去の財務実績としては、損益計算書と貸借対照表が基本となりますが、貸借対照表については主要勘定科目の明細もつけておくと良いでしょう。特に、借入金の明細については、長短に分けて残高・借入先金融機関名、借入れ条件を表にします。

できれば過去三期分の財務実績を用意することが望ましいでしょう。

「過去の増資などによる資金調達状況」についても年月、調達内容、発行株数、発行価格、割当先等を一覧表にしておきます。「過去の増資などによる資金調達状況」は「株主名簿」とともに、ベンチャーキャピタル等のエクイティ投資家が、特に気にする情報の一つです。

補足資料

会社の基本情報（定款、登記簿謄本）、事業計画の記述内容を補強する主契約書類のリスト、特許関係書類の写し、照会リファレンス先等

をこの項に一括してまとめておきます。

ここでも、いくつかの注意が必要です。

まず、契約書類の写しなどは、秘守義務や契約相手先との信頼関係も考慮して、契約相手からの承諾をとって掲載します。むやみやたらと、契約書などの写しをのせるとかえって外部の人には、悪印象を与えてしまうことも少なくありません。

又、リファレンス先の掲載についても留意が必要です。

金融機関等の取引相手が、ビジネス取引をする前に、外部の利害関係者などにリファレンスをとることがしばしばありますが、リファレンスの目的としては、経営者の人物像・技術的背景・事業計画の信憑性を裏付けるためですが、頻繁に照会の連絡が金融機関からあると、リファレンス先に迷惑がかかることもしばしばあるのです。

Episode 2

II 事業計画書のチェックポイント

ベンチャーキャピタルはここをチェックする

前章までは、事業計画書作成者の視点から、事業計画書の作成ポイントについて記述してきました。ここでは、事業計画書の読み手であるベンチャーキャピタル等の投資家が、「どのように事業計画書をチェックしているのか」といった観点から述べていきたいと思います。前章と取り上げている内容の点では、重複している点もありますが、捉え方が違ってきます。

ベンチャーキャピタルが事業計画をチェックする際に考えるポイントは、なぜその事業がうまくいくのか、どうしてそれだけの売上、利益を見込むことができるのか、ということを、様々な側面から見ていく、ということです。例えば、市場環境は現在どうなっているのか、成長市場であるのか、成熟市場であるのか、それともまだ市場自体がないものなのか。その市場の中で、競合はどのような会社があり、自社と比較してその強み、弱みはどうなっているのか。自社の競争優位の源泉は何にあり、どうしてそれが今後とも継続する、もしくは構築することができるのか。

こういったことを念頭に事業計画の数字を見て、その前提がどうどうなっているのか、なぜそのような売上、利益が達成可能と考えるのかを確認していきます。それによって、どの部分の達成可能性が高く、どの部分は未確定な要素が多いのかを検証し、その信頼度を考えていくのです。

事業計画を策定する際には、上記要素を考えながら、達成可能性を考慮して、標準ケース、ベストケース、ワーストケースを作り、どのような事態が起った場合にワーストケースとなるのか、そのときにどのような手を打つのか、といった点まで明示してありますと、よく考えられた事業計画であるという評価につながりやすいでしょう。

ただし、決して事業計画は数字の遊びではありません。希望的観測や単なる四則演算が書いてある薄っぺらなものではなく、その前提条件やどうやっていけばその条件を達成できるか、なぜそう考えられるのか等、具体的なアクションプランが伴って、はじめて説得力のあるものとなります。

以下、具体的にチェックポイントを挙げていきます。

(1) マネジメントチーム

●**経　歴**…バックグラウンド、どこに所属していたというだけではなく、具体的にそこで何をやってきたのか。

●**実績**…具体的にどのような実績を上げ、それが今回の事業にどう生かさせるのか、つながっているのか。

●**それぞれの役割**…CEO、COO、CFO、CMO、CTO等経営を行う上で必要な機能に対して、誰が何を行うか、またそれはなぜか。現在のマネジメントチームでは、何が十分であり、何が不十分であるか。

●**事業を興した経緯**…各マネジメントがその事業を選んだ理由、その事業の中で達成したい目標は何か。

●**ビジョン**…なぜその事業を行うのか、その企業を将来どんな会社にしたいのか、といったビジョンは描けているのか。またそのビジョンを人に伝えることができるか。

●**資　質**…CEOは財務的な数値を把握しているか。

●**ベンチャーキャピタルから出資を受けるということへの理解**…ベンチャーキャピタルから出資を受けた場合、会社の優先順位のトップに株式公開もしくは事業売却がくることとなり、その目的のために必要に応じてマネジメントチームの入れ替え等を行うことがあります。このようにベンチャーキャピタルからの出資によって、マネジメントチームの利害と相反する場合もあることを理解しているか。

●**金銭的な常識**…役員報酬の金額や不相応な車の購入等。

(2) 業界・競合

〈現状の市場規模、競争環境〉

●**市場の将来性**…現在その市場・製品はどのようなライフサイクルにあるのか。三年から五年後の市場規模はどの程度か。なぜ今後その市場が成長し、その規模になると考えるのか。

●**業界構造、業界特性**

●成功要因…今後、何がその市場を動かすか。市場での成功要因は何か。なぜそれが成功要因なのか。

●自社の市場…市場をどのように細分化しており、その中で自社の市場はどこか。

〈競合企業との比較〉

●競争相手…競争相手は誰で、競合の強み・弱みはどのようなものか。なぜそれが競合の強み、弱みなのか。会社が市場でリーダーとなるためには、何をしなければならないのか。

●差別化…競合者に対してどのような差別化ができているのか、できる見込みなのか。なぜそれが差別化につながるのか。

●自社ポジション…自社のポジションはどのようなものか。なぜそのようなポジションにあると考えるのか。また今後どのように競合企業に勝っていくのか。

●製品の競争力…競争力をあげるには何が必要か。

●競合の事業戦略…競合の事業戦略は何であり、今後どのような戦略をとってくると予想されるか。

●競合相手との比較…価格を含めた競合相手との比較。また今後どのようになっていくと考えられるか。

●**新規参入品**…新規参入や代替品の可能性はないのか。

(3) 事業内容

●**事業分野**…会社の手がける事業分野は何であり、何を達成しようとしているのか。

●**収益構造**…ビジネスの流れ、収益構造（ビジネスモデル）はどのようなものか。

●**会社の基礎**…会社の基礎は何かで、強み、弱みは何か。

〈製品面〉

●**製品、サービス**…会社の製品・サービスのコアは何か。製品・サービスのコンセプト・定義を一言で言えるか。

●**強み、弱み**…製品の強み、弱み、機会、脅威（商品・サービス、開発力、技術力、チャネル網、サービス網、価格競争力、生産力等）は何であるか。バリューチェーンの中で、どこに強み・弱みがあるのか。

〈顧客〉

●**顧客対象**…その製品・サービスの顧客は誰で、どのような特徴・特性があるのか。顧客の数はどのくらいか。

●**商品コンセプト**…カタログに明確な商品コンセプトとセールスポイントがあり、適切に説明できているか。どうしてその製品・サービスを提供する仕組みが今までなかったのか。

●**ニーズ**…顧客のニーズは何か。

●**顧客の購買行動**…顧客はなぜ会社の製品を選択するのか。購買の決定要因は何か。

●**潜在顧客**…潜在顧客は誰で、誰にコンタクトを取ったのか。コンタクトの結果、その反応はどのようなものであったのか。

●**顧客をどの程度まで広げることができるのか。**

〈製造〉

●**設備投資**…どのような設備投資が必要か。

●**設備投資額**…初期及び継続的な設備投資額はどの程度か。

●**キャパシティ**…製造のキャパシティはどうなるのか。

●**オペレーション**…どのようなオペレーションが必要か。オペレーション上の課題は何か。

●**製造実績**…製造の経験があるか。本当に製造できるか。製造プロセスをどのようにコントロールしていくか。

●**スケジュール**…出荷までのスケジュールはどうなっているか。

〈技術・研究開発〉

●**優位性**…原理面から優位な点、限界。他社の追随は容易か。

●**用途範囲**…用途面からその技術が使える範囲はどの程度か。

●**コア技術**…会社のコア技術は何か。

●**競合技術**…会社の市場と競合する技術は他にないか。またその技術に対する優劣はどうか。

●**キーマン**…技術・研究開発のキーマンは誰で、どのような経歴をもっているのか。その人物の役割は何か。

●**研究開発計画**…今後の研究開発計画はどうなっているのか。

●**資金需要**…今後研究開発にどの程度の資金が必要か。

●**特許**…どのような特許を取得、出願し、それによりどの程度競争優位を確立できる見通しなのか。

〈流通戦略〉

●**販売方法**…直販か代理店販売か。その理由。

●**販売チャネル**…販売チャネルをどのように構築していくのか。なぜその販売チャネルを使うのか。なぜそのように販売チャネルを拡大できると考えているのか。販売チャネル構築の際のポイントは何か。なぜそれが大切なのか。

●**マージン**…販売チャネルのマージンはどの程度になり、最終価格はどうなるのか。

〈価格〉

●**価格設定**…価格、コストはいくらか。なぜその価格設定なのか。その価格設定は顧客に魅力的・リーズナブルなものか。

●**粗利は何%か**

(4)利益計画

●**ビジョン**…事業におけるビジョンは何か。それが全社で共有されているか。

●**成功の秘訣**…このビジネスの成功のカギは何か。

●**基本戦略**…会社の基本戦略は何か。時系列で、いつ、誰が、何を、どのようにしてきたのか、また今後していくのか。

●**根拠**…利益計画はどういう考え方、前提、根拠で作成されているのか。各々の製品・商品の売上がそれだけの金額になる前提条件、根拠は何か。

●**方策**…利益計画を達成するための方策はどのようなものか。いつ、誰が、何をするのか。それはなぜか。

●**目標**…短期的・中期的・長期的目標は何か。

●**生産能力等の計画**…向こう三～五年の人員、オフィススペース、生産能力等の計画。事業計画との整合性。

●**課題**…現在直面している課題は何か。

●**マイルストーン**…この一年間で達成すべきマイルストーン。それを達成するための具体的アクションプランとそのスケジュール。

●**リスク要因**…利益計画を達成する中で、考えられるリスク要因。考えられるワーストケースとその対処法。またその各々の前提条件、確率。

●**月次計画**…向こう一二カ月の月次売上、利益。具体的な顧客。

●**損益分岐点**…現在の月間固定費及び損益分岐点。

(5)資金面

●**資金使途**…今回のファイナンスの資金使途。

●**資金繰り**…過去一二カ月と今後一二カ月の資金繰り。

●**運転資金の増加**…売上増加に伴う運転資金の増加はどのくらいか。その際の資金調達はどう考えているのか。また、売上が計画どおりに伸びない場合の資金繰りとその対応策。

(6)側面調査

●**レファレンス先**…会社の事業、製品、サービスについて、レファレンスを取ることができる先はどこか。

ベンチャーキャピタルに持ち込まれてくる投資案件は、一言でいうと、今まで売上が横ばいであったか、これから事業を始めるなどといったものが多いです。我々がいつも疑問に思うことは、なぜ今まで横ばいであった売上が、ベンチャーキャピタルから投資を受けることで二次関数のように急激に伸びていくのか、もしくは事業・市場が立ち上がっていくのか、ということです。この点について納得いく説明がなされれば、ベンチャーキャピタルとしては投資を前向きに検討していきます。

1 他金融機関とベンチャーキャピタルとの事業計画のチェックポイントの違い

前章では、ベンチャーキャピタルの観点から事業計画のチェックポイントを概観してきましたが、この章では他の金融機関、特に銀行の観点から事業計画のチェックポイントについて見ていきたいと思います。但し、ここでは経営者の属性など定性面は含んでおりません。あくまで、事業計画書の定量面のチェック項目をあげています。

皆様もご承知のように、ベンチャーキャピタルは「直接投資」を行い、ハンズオンを通じて企業価値を創造し、将来その株式を売却してキャピタルゲインを得るということを目的としています。従って、事業計画書は「事業の成長性」という観点から重点的にチェックされることになります。

これに対して、銀行は「融資」を行い、安定的に利息と元本を回収することを目的としています。従って、事業計画書は「事業の安定性」という観点から重点的にチェックしていくことになります。

それでは、具体的に事業計画書のチェックポイントを見ていきたいと思います。ベンチャーキャピタルと同様、銀行にとっても事業計画書は、ある意味ベンチャー企業の事業性を担保するものとして、一通りのチェックはしていきますが、「融資」という観点からは主に以下の項目について重点的にチェックすることになるでしょう。

①事業性・事業の内容
②資金調達金額（直接金融・間接金融の割合）
③資金使途（短期資金／長期資金）

という三つの観点は特に重要だと思われます。

【事業性】

事業性とは、成長性を含め、そもそも事業として成立するかどうかということです。事業計画書の中では、主に「事業の内容」の部分に記載されています。そして、その事業を遂行する上で欠かせないのが資金です。それを裏付けるものは、既存企業では過去の業績、今後の利益計画・資金計画であり、これから立ち上げようとするベンチャー企業であるならば、綿密に練られた事業計画書（特に利益計画、資金計画など）そのものということになるでしょう。

この段階で、融資を検討する側からは、当該企業の事業内容（製品・サービス、マーケット）、販売先（各販売先企業、数量、価格、取引条件）、仕入先（各仕入先企業、数量、価格、取引条件）などを重点的にチェックしていくことになります。この事業性のチェックは融資検討に際しては非常に重要です。なぜなら、この事業性があるからこそ、すなわち事業が成長・継続していくからこそ、当該企業は資金を必要としているわけであり、この段階で事業性がない、事業に将来性がないとなれば、融資を行っても回収の見込みが立たないという結果になるからです。

【調達金額】

事業性があると判断したなら、次に調達金額をチェックします。当然のことながら、この段階で資金調達計画の内訳（直接金融と間接金融の割合）はチェックの対象となります。

また、調達金額の妥当性判断は、次の資金使途のチェックと密接に関連してきます。

【資金使途】

資金には短期資金と長期資金があり、短期資金とは融資期間が一年以内で、長期資金とは融資期間が一年超の融資をさしています。

《短　期》

「事業を起こすには運転資金が必要だ」というように、日常よく「運転資金」という言葉を耳にします。では、運転資金とは何でしょうか。一般的に、運転資金とは、企業が事業活動を継続するうえで発生する収入と支出のズレを埋めるのに必要な資金をいいます。しかしながら、一概に運転資金といっても、実は様々な要因によって発生しているということは皆様もご存知でしょう。融資を実行する側からは、何で「運転資金」が発生するのかという点をチェックし、その金額の妥当性、返済原資などを重点的にチェックしていくことになるのです。以下では典型的な運転資金の種類についてご紹介したいと思います。

(1)経常的に発生する運転資金

ここで、教科書どおりに運転資金を算出すると、以下の様になります。

(1) 経常的に発生する運転資金　（万円）

流動資産		流動負債	
受取債権	100	買入債務	70
商　　品	50	差　　引	80

運転資金＝受取債権（一〇〇）＋商品（五〇）― 買入債務（七〇）＝八〇万円

企業の事業活動は現状のまま続くと仮定して下さい。八〇万円がまさしく運転資金です。しかも、取引条件等の変更がなく企業が現状のまま事業活動を続けていくと仮定した場合、経常的に発生している収入と支出のズレを表しています。この場合、企業はこのズレを埋めるべく、借入金ないしは資本金で資金調達をするでしょう。従って、この資金は将来入金予定の売上収入で返済されることになりますが、入金される頃には次の商売のために商品を仕入れなければなりませんので、この借入金は経常的に発生する運転資金ということになるのです。

従って、融資を実行する側は、第一に経常的な運転資金はいくらかという点を重点的にチェックしていくことになります。例えば、販売先が一社に偏りすぎている場合を考えて下さい。万一その会社が倒産でもしたら、一気に資金繰りに支障をきたすことになるでしょう。従って、資金計画以外にも、販売先（各販売先企業、数量、価格、取引条件）、仕入先（各仕入先企業、数量、価格、取引条件）などは重点的にチェックしていきます。

(2)売上高増加に伴う増加運転資金　　（万円）

流動資産		流動負債	
受取債権	200	買入債務	140
商　　品	100	差　　引	80+80

(2)売上高増加に伴う増加運転資金

これは急成長をとげた企業の方には経験のあることと思いますが、売上高が増加してきた場合にも運転資金は発生します。それは売上高増加に伴って、当然商品の仕入数量、製品の製造数量は増加してくるからです。従って、企業はそれに対応すべく資金調達をしなければなりません。

売上高が二倍になって、単純に貸借対照表の数字が二倍になるような事業計画を想定して下さい。この場合、事業性、利益計画の妥当性に加え、資金計画の妥当性も重点的にチェックされることは明らかでしょう、本当に売上高が倍になるほど魅力的な製品・商品なのか、利益（売上）計画は妥当か、また利益（売上）計画をベースに算定された、売上高増加に伴う運転資金はいくらなのかをチェックしていくことになるからです。

この場合、当然返済原資は将来の売上収入になります。従って、来期以降、この売上高が続くと考えた場合には、この金額が経常的に発生する運転資金になるのです。

①回収条件変更に伴う増加運転資金　（万円）

流動資産		流動負債	
受取債権	150	買入債務	70
商　　品	50	差　　引	80+50

(3) 取引条件変更に伴う運転資金

①回収条件変更に伴う増加運転資金

ここでは条件変更によって回収条件が長期化、すなわち受取債権が増加した場合を想定して下さい。一定のサイクルで回収されていた債権が、ある日条件変更によって長期化した場合、その長期化した分の収支のズレを埋め合わせすべく、資金調達が必要になります。融資を実行する側からは、なぜ回収条件が長期化したのかについての十分な説明を求めることになります。これが、万一、不良債権化しているなどの理由の場合、当然不良債権の処理計画書などの提出を求めるでしょう。また、その得意先一社に取引が偏っていたとした場合の損失は図りしれません。

販売先の信用度をチェックすることも重点的に行っていきます。（当該企業から購入する商品・製品の他社比優位性なども必要とあればヒヤリングします）

②支払条件変更に伴う増加運転資金

ここでは支払条件が短縮した場合を想定して下さい。支払が前倒しになる

②支払条件変更に伴う増加運転資金　（万円）

流動資産		流動負債	
受取債権	100	買入債務	70-20
商　　品	50	差　　引	80+20

(4)在庫積み増しに伴う増加運転資　（万円）

流動資産		流動負債	
受取債権	100	買入債務	70
商　　品	50+20	差　　引	80+20

ため、支払条件の変更に伴う増加運転資金が発生します。従って、企業は資金調達を余儀なくされます。融資実行を検討する側からは、ひょっとしたら、仕入先企業が当該企業に信用不安を抱いたために、資金回収を早めているのではないかと考えるでしょう。従って、なぜ支払条件が短縮されたのかを納得いくまで説明してもらうことになります。

(4)在庫積み増しに伴う増加運転資金

在庫はなるべく持たない方が良いと世間一般で言われています。なぜでしょうか。それは、資金繰りの観点みれば、資金が固定されてしまうからです。しかしながら、企業としてはある一定の適正在庫を持たなければ商売になりません。そして、例えば将来の売上増加をも見込んで在庫を積み増しとした場合、その分だけ、在庫増加に伴う増加運転資金が発生することになります。融資を実行する側からは、在庫が計画どおり売れるのか、または積み増しをした商品・製品在庫は売れすじの製品・商品なのか等をチェックすることになります。もし、在庫増加の原因が不良在庫だとしたら、当然不良在庫の処理計画等を重点的にチェックしていくことになるでしょう。

短期運転資金の資金使途については、季節的な要因で発生する運転資金（賞与・納税など）、一時的に手元流動性を厚くするための運転資金などたくさんあります。しかしながら、いずれにせよ、一口に運転資金と言っても様々な要因があり、銀行などの金融機関は確実にその裏づけとなるような数字、計画は重点的ににチェックしていくということです。

《長　期》

長期資金として代表的な資金は、設備資金です。自己資本で調達した資金は返済する必要のない資金となりますが、借入金で設備を購入した場合は当然返済しなければなりません。

ここで、あるベンチャー企業がラボ施設の建設資金とその中で使用する機械器具を購入するために、自己資金として投資家から八〇万円調達し、残りの金額を銀行からの借入金によって調達しようと計画していると仮定して下さい。

長期 (万円)

固定資産		流動負債	
建物(ラボ等)	100	差　　引	70
機械器具備品	50	自己資本	80

自己資金は返済する必要のない資金ですが、借入金は、当然、月々いくらづつか元金と利息を返済していかなければなりません。その時、重点的にチェックする必要があるのは、設備資金計画、利益計画です。収入と支出のズレを埋めるための短期資金とは違い、長期資金はその効果が将来にわたって及ぶため、長期にわたって返済を要する資金になります。返済原資も、利益(営業利益＋減価償却)からの返済となります。従って、設備資金計画、利益計画については、短期の運転資金の増加と併せて、資金繰りの観点から重点的にチェックしていくことになります。

また、特に問題になるのが研究開発資金です。これは結論から言うとあまり借入金にはなじみません。例えば、現時点では将来モノになるかならないか全く判断のつかない新薬の研究開発資金を借入金で賄った場合、どうなるかを想像してみて下さい。新薬開発が成功して莫大な売上高、利益を生めば何も問題は生じませんが、新薬開発に失敗した場合は膨大な債務だけが残ります。また、研究開発のかたわら、もし借入金を少しづつでも返済していかなければならないとしたら、研究開発どころではありません。従って、このようなリスクマネーはベンチャーキャピタルなどの直接金融で調達すべき資金ではなかろうかと考えます。

以上、融資を行う立場から、事業計画書、特に資金繰りの部分のチェックポイントを概観してきました。

(5) 結語

ベンチャーキャピタルと銀行、信金、信組などの金融機関とは役割が異なるため、事業計画書のチェックポイントも一概には言えません。それぞれの立場から事業計画書を評価するため、必然的に事業計画書のチェックポイントも異なってくるのは当然といえます。事業計画をこれから作成される方、または既に作成された方が資金調達にあたって追加資料の提出等を要求された場合は、素早く対応することです。そして、堂々と投資資金なり融資資金を獲得して下さい。

ベンチャー企業が事業計画を達成するとき、ほとんどの場合、事業資金不足という問題に直面します。資金調達というとき、最初に思いつくのは銀行からの借入ですが、特に、十分な担保のないベンチャー企業にとっては、銀行からの借入は非常に難しいのが現実です。

そこで、資金供給者としてベンチャーキャピタルが重要な役割を担うことになるのです。ベンチャーキャピタルは銀行と異なり、ベンチャー企業が発行する株式や新株予約権付社債を取得することによって、将来的な企業価値上昇に伴う株式売却益（キャピタルゲイン）を目的とした投資を行います。つまり、投資した企業が倒産した場合等、担保もなく投資した全額がゼロになるという非常に高いリスクを追う代わりに、将来的な高いリターンを求めるのです。例えば、銀行が全額保全の担保付で一〇億円貸付を行った場合、年率五％の時に三年間で得られる収益は一億五〇〇〇万円、一方、ベンチャーキャピタルが一〇億円の株式投資を行った場合、三年後にその企業がＩＰＯを果たしたときには、二倍、三倍というのは当たり前で、高いものだと五〇〇倍ということもあります。そのため、ベンチャーキャピタルは、通常、投資効率を高めるために、投資したベンチャー企業への経営指導や情報提供といった経営面での様々なサポートも行い企業価値の向上に努めます。ベンチャー企業にとってみれば、ベンチャーキャピタルからの投資は「自己資本」であるから利息の負担もないうえ、経営面でのサポートも受けられるというメリットがあります。

それでは、ベンチャーキャピタルから資金提供を受ける際のポイントは何でしょうか？答えは「株価」≒「企業価値」であります。最近は、「企業価値」「株主価値」の向上といった言葉が頻繁に聞かれるようになりましたが、企業価値が高ければ高いほど、よい条件での株式発行が可能となり、少ない負担でより多くの資金を調達することができるのです。逆にいうと、高いリターンを求めるベンチャーキャピタルは投資を行うとき、企業価値の評価を厳しく行います。ＩＴバブルの時期には非常に高い企業価値評価で、必要以上に多額の資金調達をして有名になったＩＴ関連企業もたくさん出現しましたが、ＩＴバブル崩壊後は、そのときの反省も踏まえて厳しく企業価値評価を行うベンチャーキャピタルが増えています。

では、適正な企業価値とはどのくらいなのでしょうか？原則として、投資を行うベンチャー企業の事業性の評価が高いかどうかが前提条件としてあり、企業価値評価額が高いかどうかは事業性評価の高さとの兼ね合いになりますが、事業性評価については、後の章で詳しくみますので、ここでは、企業価値の評価方法と適正な企業価値評価額とはいったいどうやって算定するのか？といった点についてみていきます。

一般的な企業価値の評価には様々な方法がありますが、通常、ベンチャーキャピタルでは、複数の算定方法を組み合わせることにより企業価値レンジを狭め、企業価値評価額を決定します。最近ではDiscount Cash Flow（ＤＣＦ）を基礎とした考え方が主流になっています。ＤＣＦを利用する利点は、会計制度・業種の相違に左右されない、理論が比較的堅牢、金融市場（株式市場を含む）の動向と連動している、資産別キャッシュフローの加算性がある、企業の設備投資の判断基準と連動している、といったことが挙げられます。

しかしながら、ベンチャー企業を評価するときには、

●事業計画の確実性が低い
●マーケットが存在せず流動性が低い
●投資時点では赤字企業が多い
●ＩＰＯ時までキャッシュフローが望めない企業が多い

といったような大きな問題があります。そこで、ベンチャーキャピタルではこれらの問題を解消すべく、ＤＣＦの考え方を基本としたベンチャーキャピタル独特の方法により企業価値を評価します。大雑把に言うと「ＩＰＯ時の時価総額をベースに現時点の企業価値

を算定する」という方法です。具体的な評価プロセスは次のようになります。

【第一ステップ　利益計画査定】

ベンチャー企業が作成した事業計画を独自に検証し、実現可能性に基づいて将来の予想利益を修正します。ベンチャー企業を評価する際の問題点として「事業計画の確実性が低い」という点をクリアするためのステップです。そのため、いくらバラ色の事業計画を作成したところで、ベンチャーキャピタルはそのまま鵜呑みにして夢のような評価はしてくれません。

【第二ステップ　IPO時の予想企業価値を計算】

ベンチャーキャピタルが投資を行う際、最終的なゴールがIPOにあるため、実現可能と考えられる事業計画を元にベンチャー企業のIPO時の予想企業価値を計算することから始まります。予想企業価値評価はDCF等の各種株式指標を使って算定しますが、ここで目安となるのは、実際にジャスダックにIPOした企業のIPO時の時価総額です。最近の傾向としては次のようになっています。

期間	経常利益 4億円未満	経常利益 4～15億円未満	経常利益 15億円以上
2001/10月～2002/3月	平均60億円	平均99億円	平均178億円
2002/10月～2003/3月	平均43億円	平均56億円	平均143億円

注：時価総額400億円以上は異常値として計算からはずしている

ＩＴバブルの頃は言葉どおり、桁違いに高い時価総額の企業も相当数出現しましたが、最近では、公開時に一五億円の経常利益を計上している企業でも時価総額は五〇億円いかないことが多く、時価総額一〇〇億円というのはよほど将来性の期待される業種等、特別な場合であることがほとんどです。ＩＴバブル崩壊の影響が落ち着いてきた最近になっても、ＩＰＯ時の時価総額はずるずると下がっています。

【第三ステップ　～予想企業価値を現在企業価値に修正】

ＩＰＯ時点での予想企業価値により企業がどのくらいの成長を遂げるかを予測したら、今度は、適切なディスカウント率を乗じて、現在価値に換算することが必要になります。ここで非常に重要なのが「適切な」ディスカウント率です。

ディスカウント率を考える際にベースとなるリスクは、

① 市場リスク　⇒株式市場のリスクプレミアム
② 流動性リスク　⇒未公開株式であり流動性が低いというリスク

③ 成長リスク　⇩事業計画どおりに成長しない場合のリスク
④ キャッシュフロー調整リスク

といったものがあげられます。①は固定的なものですが、②〜④は、当然、ＩＰＯまでの期間が長ければ長いほどリスクは高くなります。つまり、投資ステージによって、ディスカウント率は変化するのです。また、通常、①から順に④になるにしたがってリスクは高くなっていきます。

ベンチャーキャピタルに投資を仰ぐ場合、これらのリスクがいかに低いか、説得力のある説明ができれば自分の会社を高く売ることができるのです。

何をポイントにどのようなステップで算定していくかはわかったが、では、実際に投資ステージ別の標準的な企業価値とはどの程度のものなのでしょうか？

一般的な類似会社批准方式や類似業種批准方式を使う際の割引率は三割程度といわれています。そこで、ステージ別の割引率を、

●レイターステージ（公開まで二年）：三〇％
●ミドルステージ（公開まで三年）：四〇％

●アーリーステージ（公開まで四年）：五〇％
●シード、スタートアップ（公開まで五年）：七五％

とおいてみると、IPO時の予想時価総額別に以下のようになります。

IPO時予想時価総額	シード・スタートアップ	アーリー	ミドル	レイター
40億円	2.4億円	7.9億円	14.6億円	23.7億円
50億円	3.0億円	9.9億円	18.2億円	29.6億円
70億円	4.3億円	13.8億円	25.5億円	41.4億円
100億円	6.1億円	19.8億円	36.4億円	59.2億円

<企業価値＝予想時価総額／（1＋割引率）＾公開までの年数>

リスクの高い事業への投資であるため、適切な割引率に基づいた企業価値評価での投資を行うことは非常に重要なポイントでです。逆にいうと、後にみていくように、「事業計画の確実性」を高めることによって企業価値を高めていくことが可能なのであります。

2 業種別・ステージ別のポイント

ここまでは、事業計画のチェックポイントの外観をみてきましたが、実際には業種別・ステージ別によってポイントは変わってきます。
まずは業種別のポイントからみていきます。

①ハイテク系

技術開発型企業やＩＴ系の企業においては、読み手が必ずしもその業界・技術に精通しているわけではありませんので、専門用語の羅列ではなく、できるだけ平易な文章で、わかりやすく説明することも必要です。どうしても専門用語を使う必要がある場合は、用語集等をつける等の丁寧さが欲しいものです。

ベンチャーキャピタルの担当者には、半導体業界やＩＴ業界等に精通している者もいるので、そこまで丁寧にする必要はないかも知れませんが、どこまで自分を理解してもらおうとしているのかという、経営者の姿勢も問われます。いくら製品・技術が優れていたとしても、それが理解されなければ資金調達は困難となり、事業計画に支障をきたす結果にも繋がります。

前記は、事業計画書作成におけるテクニカルな面であり、本質は、製品・サービスや技術・ノウハウの『新規性、実現性、市場性、成長性等』がポイントとなります。

【新規性】 製品・技術の特徴・優位性がどこにあり、なぜ優れているのか、といった点を競合企業・代替品との比較を行いながらみます。特に、既存製品・技術の問題点がどこにあり、それをどのように改善・克服していくのか等を、当該事業に係る特許権、実用新案権等の取得・出願状況ともあわせて捉えていきます。

【実現性】 開発における課題はどこにあり、それをどのように解決していくのか、その難易度はどの程度なのかといったリスク要因の開示も必要です。価格設定という点では資金計画の妥当性も検討されます。投資に見合ったリターンが見込まれるか、開発資金が必要以上に過大に見込まれていないか、等との検討も必要でしょう。

【市場性】 開発製品の市場は本当にあるのかが問われます。技術的には優位なものであっても、市場自体が存在しないのでは意味がありません。技術偏重で、作れば売れると考えている経営者も中にはいますが、開発と同時に想定される顧客のニーズをしっかりつかんでおく必要があります。例えば、いくら技術が良くても代替品と比較し価格設定が高ければ売れません。

【成長性】　大手メーカーとの取引が開始されたことを強調する企業がまま見られますが、その取引の内容がどのようなものなのか、研究室レベルのものなのか、量産ラインでの採用なのかでは、天と地ほどの差があるように、顧客にとってその製品がどのような位置づけにあるのかという自社の現状を客観的に把握できる冷静さも必要です。その上で、市場動向を把握しながら、具体的な販売計画を作成します。販売のためのルートづくりはどうなっているか。そのための、マーケティング活動はどのように行っていくのか、等の具体的な実行計画に言及することも必要です。生産体制はどのように考えているか、販売計画に見合った生産体制の構築は可能か、等外注先確保状況等も言及します。

②バイオ系

昨今注目を浴びている「バイオベンチャー」ですが、ここではわかりやすく「創薬ベンチャー」を中心に話を進めることとします。

現在主となるのは大学発のベンチャーであり、その大半は研究室の域を出ていません。

医薬品開発でいうところの非常に初期の段階である基礎研究レベルのものが多く、前臨床まで行われていれば良い方であります。

したがって、『研究対象、主たる研究者、特許、研究開発体制、経営陣、資金計画等』が評価の中心とまります。

【研究対象、研究者、特許等】 外部の専門家の評価を仰ぎながら、国際的な開発競争における位置づけを明確にします。研究開発を進めるうえで体制が充分整っているか、他の研究スタッフ、大学等内外研究機関の支援なども含めてチェックします。このとき、技術背景となる中心人物の関与度も確認します。大学教授の兼任が認められるなかで、取締役に入るケースも増えています。代表権まで持つケースもあれば、単に研究顧問としてのみ参画するケースもあります。どちらが良いか一概には言えませんが、経営センスをもった研究者が多いとは言い難い現状からすれば、投資サイドとしては継続的な研究開発への充分な関与を担保されれば良いと考えています。

【経営陣】 潤沢な資金確保が難しい初期段階においては、コスト抑制の意味から、当面研究開発を円滑に進める体制を整備でき、資金管理等が相応になされれば良いと思われています。しかし、研究成果が出てアライアンスを組めるような状況に至る頃には製薬会社との提携確保などに能力を有す人材の確保が必要とされるでしょう。

こうした体制でベンチャーキャピタルとして充分と判断しているわけでは無論ありません。スピード感、コスト意識等をもった民間での経験豊富な人材などの参画があれば好ましいですが、長くバイオベンチャー不在であった日本においては、人材不足の感は否めず、環境整備がなされるまでの期間やむを得ないと判断しています。

【資金計画】 創薬ベンチャーでは収益の確保は当面先になるため、専ら利益計画では研究開発スケジュールにあわせて必要とされる経費の妥当性（計画遅延も考慮）を検証し、資金計画を確認します。資金の確保は公的な助成金などで補う努力もさりながら、当然限界があり、製薬会社とのアライアンスが組めるまではベンチャーキャピタルからの資金調達によることになります。開発ステージの早いものであればあるほど、ベンチャーキャピタルもリスク分散の立場から研究開発の進捗に応じた資金供与の姿勢をとるため、企業側は多額の調達に困難を伴い、多数のベンチャーキャピタルを回ることになるでしょう。

一方、ベンチャーキャピタルでは出口予想として、製薬会社との提携などにより契約金、マイルストーン等収入がある程度上がった段階でのＩＰＯを考えます。この間をどの程度の期間とし、それまでの資金の必要額や公開時のバリュエーションをどうみるか。出口としてはＩＰＯに限らずＭ＆Ａも視野に入れますが、どちらも最近の取引事例を参考にすることとなります。そのうえで資本政策などを提案していきます。

③非テクノロジー系

非テクノロジー系の代表として、ここでは小売を取り上げます。

小売では、『店舗概要、利益計画、事業計画』がポイントとなります。

【店舗概要】まず、商圏立地、店舗面積、駐車場、営業時間、顧客層、平均客単価、来客数、座席数、回転率等を確認します。

出店時期を明記した店舗一覧を入手し、店舗別損益をみます。あわせて商品群別損益を確認、交叉比率（粗利率×在庫回転率）×売上構成比率などをチェックします。どの店舗・商品が収益源であるか、問題はどこにあるかを把握します。店舗においては、不採算店舗があればそれに対する会社側の対応策をみます。受け入れ側の顧客のニーズとマッチしているか、運営上の問題点等を把握するためにも、少なくとも二、三店舗の実績は欲しいです。直営だけでなくフランチャイズ展開（ＦＣ）も念頭におく場合、上記に加え、ＦＣの契約概要（加盟金、ロイヤリティー等）も確認します。

直営店における実績を踏まえて、ＦＣの収益モデルが妥当であるか、具体的な本部の支援体制はどのようなもので、スーパーバイザーの育成は追いついているか。ＦＣの募集状況は？実績があれば、ＦＣの総数、増加・脱退率をみ、ＦＣとのトラブル、訴訟問題等が起きていないかなどを確認します。

このほか、主たる仕入先については業況把握、単品商売や市況に左右されるものなど市況や季節変動等も考慮します。物流センター、外食であればセントラルキッチンなどの整備状況等もチェック項目です。

また、海外や他企業からライセンス供与を得て事業展開をする場合は、その契約書の内容を確認します。契約対象、対象期間、それに伴う対価、使用権（独占ｏｒ否）、役割分担、費用負担、破棄される際の条件等です。

【利益計画】既存店と新規出店に分けて検証します。既存店では客数減少や客単価下落等売上減少に対する梃入れ策をどう考えているのかを確認します。新規出店では店舗開発力、運営マニュアルやスーパーバイザー等教育体制の整備状況など踏まえ、出店計画の妥当性を考えます。そのうえで、出店に伴うコスト、資金計画をみていきます。

資金面では、テナント出店する場合には多少回収に時差がある場合もありますが、基本的に現金商売であるので、主には出店資金の確保が重要となります。オープンに先立ちかかる人的コスト等も含め、運転資金・設備資金等を予測し、調達を考えます。

【事業計画】FC展開等により急成長を描くプランを提示してくる企業もあります。モデル店舗も充分にないような、収益の確保が覚束ないような状況での極端な拡大志向の経営者には要注意です。

FC展開を行う企業では、当初FCが集って契約金などのイニシャル収入が入り、一時的に収益が改善していることもあります。しかし、FC側に充分なメリットが享受されなければ、本部側でも継続的な収益を確保することは困難です。

すでにある程度の事業規模を有している場合は、他社比較も行います。売上規模、経費率、一店舗あたり、従業員あたりなどを比較することで、問題点、改善の余地を見出すことができます。

他産業でも言えることですが、市場が飽和しているなかでどう差別化し、顧客のニーズに応えていくか、潜在需要を掘り起こしていくか、が要でしょう。外食を例にとれば競合分析は類似業態だけに留まりません。財布はひとつです。五〇〇円のワンコインで食せるものは、ハンバーガーや牛丼などのファーストフードだけでなく、コンビニ弁当や持ち帰り寿司、デパ地下や惣菜ショップでもあったりするのです。

市場の成長性が期待できない中で、どういう切り口で参入し、シェアを切り崩していくか。代替品・サービスも含めて幅広く競合を分析したうえで見極めていく必要があります。そのうえでそれをいかに実行するか、の落とし込みが重要です。

ここまでは、業界ごとの事業特性と評価ポイントについて解説しました。ここからは視点を変えて、企業のステージ毎に特に重要と思われる点について概観していきます。

④スタートアップ・アーリーステージ

一時は革命ともてはやされたＩＴブームの加熱により、日本は異例のＩＴバブル景気に沸きました。しばらくして訪れたＩＴバブル崩壊は、ドットコム系と呼ばれたネットベンチャーの多く峻別し市場からの退場を促したものの、情報通信関連、バイオテクノロジー、航空宇宙関連分野などの分野は、新規成長一五分野として経済構造の変革と創造のための重要分野として閣議決定された成長市場として現在でも大きく注目されていることは周知であります。

しかしながら、現在の企業環境はデフレの進行、間接金融の弱体化など大規模企業であっても非常に厳しいなか、多くのリソースを持たないスタートアップの企業が大きな成長を勝ち取るには、従前のビジネススタイルを打破する差別化されたビジネスモデルと、その構築と遂行を可能にする、優れた経営者（もしくはマネジメントチーム）が重要になってきます。

〈差別化されたビジネスプラン〉

先にも述べたように、ベンチャー企業に対する環境は一昔前と比べれば改善されたと言えるものの、未だ十分なものではありません。

このような環境下での起業には、アイデア（単なる思いつき）だけでは成長は難しいと言わざるを得ません。（アイデアもなければ、無謀といえる……）もしアイデアを得て、事業化を試みるのであれば、そのアイデアを事業計画書上で「儲かる仕組み」（ビジネスシステム）に落とし込む必要があります。ポイントは以下の三点です。

①選択と集中がなされているか。リソースの分散を防ぎ、オンリーワンの技術・サービスを構築できるか。

②売る仕組み（Revenue Model）と、費用を押え、利益を上げる仕組み（Cost Model）が確立されているか。

③市場規模は十分か、製品・サービスの投入タイミング選択は的確か。マーケット規模が小さすぎるのも問題ですが、逆に大きい場合には大手企業との競合が発生する可能性があります。ニッチ市場に特化することにより大手との競合を避け、特徴的な製品・サービスを必要なタイミングで供給可能であれば大きな強みとなります。

〈経営者・経営陣〉

先に述べたビジネスプランと同様に、経営者・マネジメントチームも企業の成長を左右する大きな要因です。

ベンチャー企業のような小規模の組織でのマネジメントチームは、役員・従業員全員が一丸となって（モチベーションマネジメント）、一つの目標を掲げ（経営ビジョン提示）、かつ日々刻々変化する環境のなかで、迅速に（経験・勘）次の一歩を率先して実行（リーダーシップ）することが求められます。

ポイントをまとめると、

①経営者はビジョンを持ち、当事業ドメイン（もしくはマーケット）で事業を推進するに十分な知識と経験を有しているか。マーケットニーズを把握し、臨機応変な経営

判断を行うには重要なポイントです。

②経営者としての能力はあるか。特に研究開発型ベンチャー企業に多く見られることですが、経営者が技術者・開発者の場合には注意が必要です。また、マネジメントチームは企業全体を牽引する役割を担うことに加え、経営者はマネジメントチームも統率する必要があります。

③ワンマン型の経営者も少なくありませんが、経営者がこなすべき業務量から考えますと、周囲から相互補完的に支えるマネジメントチームや社外協力者（アライアンスネットワーク）の存在が与える影響は大きいです。これらの整備はより一層のスピードをもって成長できる可能性を秘めています。

加えて、同ステージの企業では事業計画が長期にわたるものも多く見受けられます。EXIT戦略として株式公開か、M&Aでの企業買収を目論むのかは重要です。通常、ベンチャーキャピタルは投資事業組合からの投資を行うため、その償還期限内に何らかの手法で十分EXITが可能であることを訴える必要があります。

⑤ミドル・レイターステージ

ミドル・レイターステージの場合、大きく二つの形態に分類できます。一つが既存事業の延長による事業展開を計画している会社。もう一つが、既存事業に加えた新規事業を中心に成長を計画している会社です。

(1)既存事業の延長による成長

実績・現状に対する自己分析がきちんとできているか。そこで把握した課題・問題点に対してどのように対処してきたか、また、対処していく方針なのかを検討します。特に財務分析などによる現状把握が重要となります。

こうした自己分析をベースに経営戦略が作成されているか、そしてその戦略を戦術に落とし込めているか、その戦略・戦術は妥当なものか、それを実行する経営陣およびスタッフの能力は十分か、などが検討されることとなります。

利益計画においては、過去の実績に対する成長率は妥当なものなのか、急激な事業成長を見込んでいる場合はそれに対する明確な根拠が存在するのか、など利益計画の納得性が追求されます。

特に既存事業での成長を見込む場合、既存製品の寿命はどの程度が見込まれるのか。新製品、代替製品の開発計画はどうなっているのか、など今後の市場見通しをもとに捉えていく必要があります。

(2)新規事業での成長

新規事業での成長を見込んでいる企業の場合、得てして既存事業部分の利益率が低いなどの理由で成長が見込まれないために新規事業を立ち上げることで業績の成長を見込んでいるケースが多く見られます。そのため、その実現可能性についてはスタートアップ企業と同様に慎重な判断が必要となります。

新規事業立ち上げの場合、その新規事業を立ち上げるリソースは社内にあるのか、仮にあったとしても人員計画等と比較して無理な計画になっていないか、既存事業とのリソースの共有は可能でありシナジー効果が見込まれるのか、などに言及します。社内にリソースがない場合には、社外からどのように確保してくるのか、既存事業との融合性は見込まれるか、そもそも経営者にそうした事業に対する造詣にも留意する必要があります。

既存事業が業績不振で新規事業を計画している場合には、投資資金が既存事業存続の為に流用され、新規事業に回らなくなる可能性があります。この点で、既存事業のあり方にも明確な方針が求められます。人員計画と比し、無理な計画となっていないかなどです。

(3)その他

ミドル・レイターステージの場合には、オーナー経営者の場合が多いため、公開に向けた意識改革ができているか、または意識改革を受け入れる度量があるかなどもポイントとなります。上場に際しては、様々な規制が行われ、私企業である場合と、オーナーの行動に制約を受ける面も多くなり、ある面では窮屈と感じる場合も出てきます。こうしたことも理解した上での決意が必要でしょう。

Episode 3

Ⅲ 大学発ベンチャーの事業計画における留意点

大学発ベンチャーの特徴

大学発ベンチャー促進に関する産官学からの奨励を受けて、大学研究者によるベンチャーの創業が増えています。「研究成果を製品として世の中に出したい」という研究者の強い熱意が起業の動機となっているようです。

大学発ベンチャーには、高度な技術により新しい市場を開拓していくタイプの企業が多いようです。特に、先端科学技術分野では、対象となる市場規模が大きく、急速な市場成長が予想できる技術があり、事業化すれば高いリターンが期待できます。その反面、実用化の方向が見えにくい場合も多くあります。研究開発競争が激しく、研究開発および製品開発に莫大な資金を要するなど、大学発ベンチャーは事業リスクが高いと言えます。
そのため、大学発ベンチャーを成功に導く条件として、マーケティング、事業化のスピード、資金調達の三点が欠かせません。実用化の対象を絞り、R＆D資金を投入し、短期間に製品開発し、早期に販売を開始することが求められます
研究開発能力以外には、正に、時間と資金の勝負であり、事業計画については、事業化スケジュールおよび資金調達計画が重要なポイントとなります。

大学発ベンチャーの設立方法

大学発ベンチャーを起業する研究者には、企業との共同研究実績の豊富な人や米国に研究留学した人が多いです。産学連携に長けていて、外部資金を導入してベンチャーを起こすという米国流のやりかたを受け入れやすいといえます。

会社設立方法としては、研究者自身と研究仲間や親族や知人が出資するケース、研究者および共同研究相手の企業が共同出資するケース、研究者およびベンチャーキャピタルが出資するケース、研究者および大学またはＴＬＯ等が出資するケースなどがあります。

経営チームの編成方法としては、研究者が中心となるケース、研究者と企業経験者が共同で経営に当るケース、経営を企業経験者や提携先企業や出資企業から派遣される経営者に任せるケースがあります。具体的には、研究者自らが社長となる方法、研究者は技術担当役員になり企業経験者を社長に迎える方法、ベンチャー企業に技術移転し研究者が技術アドバイザーになる方法などがあります。

大学発ベンチャーのビジネスモデル

ビジネスモデルの核となる収益内容について考えると、受託研究、特許等のロイヤリティ、解析等の受託サービス、受託設計・受託製造、試薬・試料やデータの提供、製品開発、製造販売などに区分できます。

受託研究やロイヤリティについては、共同研究センターやTLOでも実施できるので、あえてベンチャーを起こす意義は低いといえます。受託サービスや受託設計については、企業からアウトソーシングとして仕事を受注する形であり、研究者の人数による制約があり事業拡大には限りがあるといえます。試薬・試料やデータの提供については、市場規模が限られている場合が多いですが、取引先を増やすことで収益を拡大できます。

大きく成長する事業としては、やはり、製品開発や製造販売であるといえます。ベンチャーが製品開発し、大企業に製造および販売を委託するケースが多いです。製品開発では、ベンチャーの迅速性や柔軟性が利点となり、製造・販売では、大企業の生産技術や量産量販能力や信用力が利点となります。ベンチャー自身で製造販売まで手がける場合は、R&Dだけでなく生産設備にも資金が必要となり、R&Dから販売開始までのリードタイムも長くなり、事業リスクも高まります。事業の核が生産技術にある場合やオンリーワンの事業分野の場合にのみ有効と考えられます。

大学発ベンチャーの事業計画としては、会社運営に必要な当面の資金を稼ぐために、初期段階は受託研究やロイヤリティや受託サービスを収益の柱として、本格的な事業展開のために、次の段階で製品開発や製造販売を収益の柱として成長しようとするものが多くみられます。

大学発ベンチャーの資金調達

大学発ベンチャーの資金ニーズの中心は、R&Dであり、次に生産設備です。R&D資金の調達方法としては、大学の研究費、政府の研究助成金、企業との共同研究、企業からの寄附金、VCからの資金調達などがあります。研究開発段階では大学の研究費や政府の研究助成金を活用し、製品開発段階では企業やVCからの資金を活用することで、R&Dの資金効率が高まります。

ロイヤリティ収入やベンチャーの事業収入から研究開発資金を捻出するという循環型のR&Dが望ましいですが、実現するには時間がかかり、R&Dの時間効率が低くなります。事業化までに相当な資金を必要とするので、資金調達計画を綿密に練り、タイムリーに資金調達できる否かが、事業の成否を決するといえます。

大学発ベンチャーの提携戦略

大学発ベンチャーにとって、大企業との提携が特に重要です。バイオベンチャーでは、

R&Dに特化し、製薬会社にライセンシングし、製薬会社が製品化するケースが多いです。ITベンチャーでは、製品化まで行い、コンピュータメーカーや大手ソフトウェア会社が販売を担うケースがあります。

大学発ベンチャーは、研究開発能力とスピードが命です。ベンチャーは経営資源も限られているので、提携により大企業の経営資源を活用することが賢明な方法です。提携内容としては、特許等の実施許諾、開発受託、販売提携、技術情報の提供などがあります。また、顧客としても有望です。

日本の企業風土の中では、ベンチャーが大企業の担当者に面会するチャンスは少なく、大企業と取引することは難しいですが、大学教授の社会的信用は高いので、大学発ベンチャーが大企業と提携することは比較的容易なのです。

事業計画の中で、事業化の段階に応じて、大企業との提携を適時に位置付けることが有効です。

大学発ベンチャーの成長モデル

大学研究者による研究開発は、その技術内容が深く適用範囲が広い場合が多く、複数の実用化ターゲットを決めて、並列的に製品開発し、順次、製品を市場に供給していくモデルが有効と考えられます。

技術の可能性が高くても市場ニーズとのミスマッチで売れないケースが多くあります。ひとつの製品に依存する形のベンチャーでは、その製品がヒットしなければ、事業が失敗し、技術の可能性が失われてしまいます。

製品ラインとして波状的に展開し、収益を漸次拡大し、事業収益からR＆D資金を供給し、R＆Dを中軸におく、循環拡大型の成長モデルが望ましいといえるでしょう。

成功する事業計画

概して言えば、経営陣が共同チームであり、製品開発の目途がつき、大企業と提携していれば、ベンチャーの成功確率が高いといえます。

ややもすると、研究レベルの高さや技術の可能性に目を奪われて、無理な拡張予定や空想的な計画を立てるケースが見られます。

技術開発競争が激しく、大規模な資金調達で一気に攻め上る計画も考えられますが、一度や二度失敗しても粘り強く挑戦し続けられるタフな計画も考えられます。企業は継続することで実力や信用を付けていく面があるので、急成長一本やりがよいとはいえません。従って、経営資源や事業内容の状況を熟慮して、適した計画を立案することが大切です。

事業計画では、マイルストーンを明確にし、時間軸を意識した計画を立案することが必要です。成功する事業計画とは、堅実かつ迅速な行動計画であるといえます。

第6章

日本ベンチャーキャピタル協会を活用しよう

Episode 1

日本ベンチャーキャピタル協会とその設立経緯

最後にどうしても触れておかなければならないことがあります。

昨年末に設立された日本ベンチャーキャピタル協会についてです。

常々ベンチャーキャピタル協会の会員の方々に申し上げていることですが「日本ベンチャーキャピタル協会はベンチャーキャピタルのためだけに在るのではなく、ベンチャー企業のためにも在るのだからくれぐれも誤解のないようにしてもらいたい」ということです。

何故そのように申しているかについては追々ご理解いただけると思いますが、その前に日本ベンチャーキャピタル協会をより深くご理解いただくために設立されるまでの背景と経緯に触れておきたいと思います。

1　設立の背景

まず、日本に民間のベンチャーキャピタルが初めて設立されたのはおよそ三〇年前の一九七二年（昭和四七年）のことでした。

その当時の時代背景を振り返ってみますと金融緩和政策によってもたらされた過剰流動性現象が資本市場にも急激な変化をきたしたときでした。

その結果、株式市場も活況を極め新規の上場会社も増えてきたのです。

このことは同時にベンチャーブームを呼び、民間にベンチャーキャピタル会社の設立を促しました。

それ以来、起業を志す人たちに対してリスクマネーを供給することが自分たちの社会的使命との思いを胸中に秘めながら黙々と努力を積み重ねてきた結果、二〇〇二年には日本のベンチャーキャピタルによるベンチャー投資残高は一兆円を超えることができたのです。

投資残高が一兆円を超えたことにより社会的にも一つの業界として認知されると同時に社会的使命だけでなく社会的責任が加わることになりました。

一般的に一業界の経済活動規模が一兆円になることが一つの業界として認知される分岐

点にもなっているといわれています。

こうした社会的背景にあって業界の相互連携を図り、ベンチャービジネス育成の役割を一層強固にするためにもベンチャーキャピタル業界団体の必要性さらには存在していないことに対する疑問の声が業界、国境を越えて次第に強くなってきていました。

2 設立の経緯

二〇〇一年の一〇月に「まず業界内で業界団体の必要性、存在の是非について検討してみようではないか」と言う声があがり、「業界団体の必要性についての研究会」が発足しました。

先に民間のベンチャーキャピタルと言う言葉を使いましたが、特に民間のベンチャーキャピタル会社の場合、設立された経緯あるいは設立母体の違いから一般的に証券系、銀行系、生損保系、商社系、事業会社系、独立系などと分類されています。

この研究会には証券系三社、銀行系四社、生損保系一社、独立系三社の計一一社が参加しました。

表1.日本ベンチャーキャピタル協会が設立されるまで

2001年10月	研究会の発足（業界11社）
2002年4月	設立準備会の発足（業界16社*）
2002年11月	日本ベンチャーキャピタル協会設立登記
	*その後19社まで増加

月一回のペースで議論を重ねた結果、二〇〇二年四月には「日本ベンチャーキャピタル協会設立準備会」の発足に漕ぎ着けたのです。

研究会での論点は次の三点に整理できます。

①業界の社会的役割と責任を遂行していく中で業界団体が存在することのメリットは何か。

②業界自体が抱えている課題は何か。

③各国のベンチャーキャピタル協会の実態はどのようになっているのか。

これらの論点を一つ一つ克服していく中から準備会が発足したのです。

準備会では半年以内に正式な業界団体を設立することを目標にして月に二回のペースで会合を繰り返すうちにメンバーが当初の一六社から一九社まで増えていきました。

準備会における論点は研究会におけるようなそもそも論

はほとんどありませんでした。

つまり、業界団体の事業内容等については社会的役割と責任を果たすための具体的なものに的を絞ればよいといったお互いが暗黙のうちに了解していることもあって、ポイントはむしろ組織形態と協会役員の人選の方に比重が置かれていました。

日本ベンチャーキャピタル協会の組織形態については大前提として純粋民間組織でありながらも同時に営利を目的としない法人格を持った組織にするということがありました。

業界団体としては営利を目的とするものでなければ社団法人とか財団法人の形態を採ることが一般的ですから組織形態についての議論があると言うことに首を傾げる方もいらっしゃると思います。

ところが社団法人や財団法人を設立する場合は必ず監督官庁の許認可が必要になります。その一方で先に触れましたように民間ベンチャーキャピタル会社の設立経緯の複雑性もあって監督官庁の一本化は期待できない所がありました。

結論から申し上げますとどちらの形態も採らず、中間法人という耳慣れない法人の形態を採用したのです。

この中間法人は監督官庁の許認可を必要としない純粋民間団体の組織形態です。

たまたま二〇〇一年一一月に営利を目的としないで法人格を有する団体のための法整備の必要性から中間法人法が成立しており、二〇〇二年四月に施行されていたことを知ったこともありました。

協会が立ち上がってから事業活動をしていくための中核を担う役員として理事にエヌ・アイ・エフ　ベンチャーズ、オリックスキャピタル、サンブリッジ、ツナミネットワークパートナーズ、日本アジア投資、ミレニア・ベンチャー・パートナーズ、ＵＦＪキャピタル（あいうえお順）が、監事には新光インベストメント、日興キャピタル（その後社名を日興アントファクトリーに変更）がそれぞれ選ばれました。

さらに理事の互選により初代の協会長にはエヌ・アイ・エフ　ベンチャーズの堀井社長が選出されました。

体制が整ってから協会の存在、事業の目的、内容に賛同する会員集めが始まりました。

当初は五〇名くらいでスタートする予定でしたが二〇〇二年一一月末に設立登記するまでに七〇社（名）まで会員が増えました。

3 世界各国のベンチャーキャピタル協会について

日本ベンチャーキャピタル協会の活動内容等について触れる前に世界各国のベンチャーキャピタル協会について簡単にみておきたいと思います。

世界各国のベンチャーキャピタル協会の数は北米地区で三協会、欧州・アフリカ地域で二四協会、アジア・オセアニアから中東地域では日本を含めて一一協会の合計三六カ国に三八の協会があります。

これらのうちとりわけ会員数が多くかつ組織的にも整備されており、世界のベンチャーキャピタル協会のリーダー的立場にあるのが全米ベンチャーキャピタル協会（National Venture Capital Association）と欧州ベンチャーキャピタル協会（European Private Equity & Venture Capital Association）の二協会です。

①全米ベンチャーキャピタル協会（National Venture Capital Association）

一九七三年に設立され、本部はワシントンの郊外ヴァージニア州ウェリントンにあり、現在の会員数はおよそ四八〇社であり、その殆どがベンチャーキャピタルです。

組織的には事務局に「管理・企画」、「調査」など四つの部門があり、各委員会で活動内容が決定されます。

とりわけ重要な活動は税制をはじめとする法改正などを通して業界の地位向上のために政府当局者たちに対するロビー活動です。

②欧州ベンチャーキャピタル協会（European Private Equity & Venture Capital Association）

ベルギーの首都ブリュッセルに本拠を置く世界最大のベンチャーキャピタル協会です。会員も全米ベンチャーキャピタル協会の会員の殆どが米国内のベンチャーキャピタルであるのに対して、当協会の会員は世界各国のベンチャーキャピタル協会をはじめ政府機関、法律事務所、会計事務所、銀行、一般事業会社等多岐に亘っており約一〇〇〇弱の会員数になっており、またベンチャーキャピタルの会員数の方がむしろ少ないという特徴があります。

税務・法制委員会を始めとする七つの委員会があり、具体的な活動計画を立て実行していきます。

Episode 2

日本ベンチャーキャピタル協会の事業と活動状況

1 会員と会員資格

現在のところ会員には「正会員」、「準会員」そして「賛助会員」の三種類があります。

正会員、準会員になるための資格としては、ベンチャーキャピタル事業に関する事項が会社の定款で規定されていること、また未公開企業に対する投資および支援の実績が一定以上ある会社、組織もしくは個人という基準があります。

正会員と準会員の違いは議決権がそれぞれ前者が二票、後者が一票というようになっていることのほかに入会金と年会費が前者は後者より少しばかり負担が多いという点にあります。

詳しくは最後にホームページのアドレスを載せてありますのでそちらをご参照いただきたいと思います。

賛助会員はベンチャーキャピタル以外の方で、協会の事業目的に賛同して事業遂行のために協力して下さる法人、団体もしくは個人ということになっていますのでどなたでも会員になることができます（ただし正会員二名以上の推薦が必要です）。

賛助会員は入会金、年会費が正会員、準会員より負担が低額となっていますが、議決権は付与されていません。

会員数は設立当初は七〇社（名）でしたが、二〇〇三年五月末現在八一社（名）にまで増えてきております。

2 事業の目的と内容

まず、協会の事業の目的と内容について触れておきたいと思います。

先にも述べましたように協会はベンチャーキャピタルを中心とした組織ですが、そのベンチャーキャピタルは第一義的には「将来性のある未公開企業の起業・成長・発展を支援するために投資の形で資金提供し、経営支援を行う」ことに主眼を置いています。

従いまして協会はベンチャー企業あってのベンチャーキャピタルという構図になっていることがお解りいただけるとおもいます。

このことを円滑にしていくことはベンチャーキャピタル自体が質的向上を目指すと同時に業界全体の社会的地位の向上等を目指すことにもなります。

さらには協会として業界を取り巻く様々なことに対しての研究活動を積極的に行うことによって業界全体の健全な発展ひいてはわが国経済の発展にするためにもなるわけです。

そこで具体的な事業として次の一一項目を掲げています。

①ベンチャーキャピタル業界の活動全般に関する調査・研究・検討
②ベンチャーキャピタル業界の地位向上のための諸活動（広報・宣伝・出版等）の実施
③ベンチャーキャピタルに関する講演会・シンポジウムその他の実施
④ベンチャー企業等に対する専門的支援機関・団体等との連携
⑤大学・研究機関・中央省庁・自治体等との連携
⑥日本証券業協会、証券取引所等の株式市場関係機関との連携
⑦諸外国・地域のベンチャーキャピタル業界団体・組織との連携

⑧諸官庁に対する政策提言、法律改正等の要請
⑨会員およびその職員の質的向上に向けての講習会・研究会等の実施
⑩当協会独自の「資格試験」の実施、「資格」の授与
⑪全各号に掲げる事業に付帯または関連する事業

これらの事業を実行するために協会は五つの委員会を設けて活動しています。

3　理事会と委員会活動

協会が掲げる事業を実行するために協会は理事会で具体的事業内容を決定します。理事会は毎月最低一回開催されています。

理事会での決定を受けて五つの各委員会（会計委員会、税務委員会、法務委員会、調査・研究委員会、広報委員会）が具体的な活動として実行に移すようにしています。

また、各委員会のメンバーは協会会員全員が参加するようになっています。

会員にはそれぞれの得意分野、地域的な点等を考慮していただきながらベンチャー企業の方々に活用していただけるものと思っています。

図2.日本ベンチャーキャピタル協会の組織図

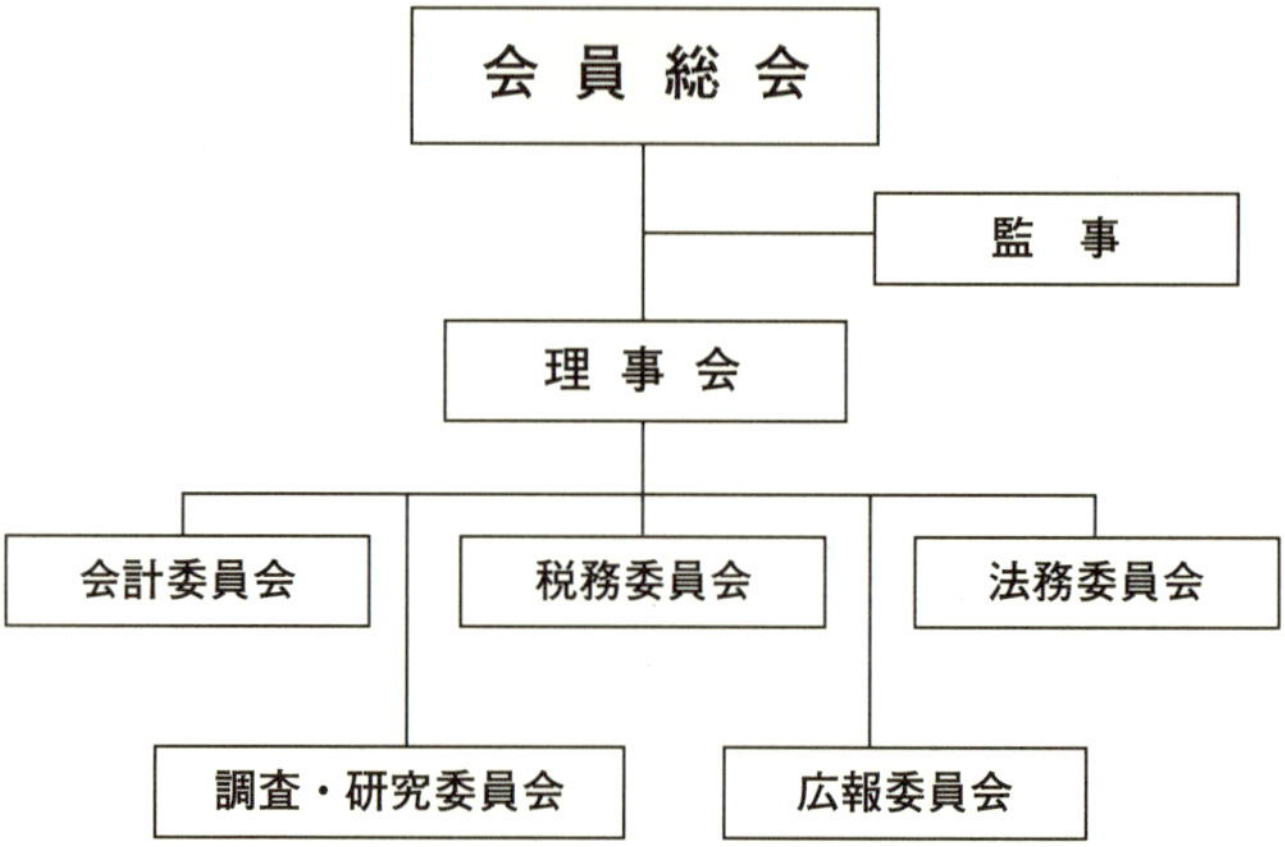

それではそれぞれの委員会の活動内容等と活用の仕方について触れておくことにします。

①会計委員会

ベンチャーキャピタル業界内における会計上の課題の解決のみならず、ベンチャー企業における会計上の課題の解決、さらにはベンチャーキャピタルが組成する投資ファンド（投資事業組合）に出資する出資者の抱える課題の解決のために統一的な基準づくりを行いながら当局はじめ公認会計士協会等に提言します。

②税務委員会

税務問題に関する課題についてそれぞれベンチャーキャピタル、ベンチャー企業、投資家の立場に立った観点から検討を加え、必要に応じて関係機関に対して提言します。

③法務委員会

ベンチャーキャピタルがベンチャー企業に投資する際に取り交わす「投資契約書」の課題や中小企業等投資有限責任組合法における課題の解決に取り組むことによってベンチャー企業への投資が円滑に促進されるよう関係機関に提言します。

④調査・研究委員会

ベンチャーキャピタル業界内における統計資料の作成、整備をはじめ勉強会、研修セミナーの開催を通して業界に関係する全てにおいてのレベルアップを図ります。

⑤広報委員会

協会活動を幅広く知らしめるための活動を行います。具体的にはホームページの運営、ニュースレターの発行を行っています。

Episode 3

起業家【企業家】のための日本ベンチャーキャピタル協会

1 人脈作りの重要性

ベンチャーキャピタル業界としては日本より一歩も二歩も進んでいるといわれる米国を訪れた時、ベンチャーキャピタルのマネジメントをはじめとするベンチャーキャピタリストたちに対して、全米ベンチャーキャピタル協会の会員になることのメリットは何かと訊ねてみました。

異口同音ながら返ってくる言葉の殆どが「人脈作り」というものでした。

ここでいう「人脈作り」には二つの意味があります。

一つはベンチャーキャピタリスト同士の人脈作りです。

もう一つベンチャー企業とベンチャーキャピタリストとの人脈作りのことです。

あるベンチャーキャピタリストはこんなことも言っていました。

「ベンチャーキャピタル業界は優れた起業家（あるいは企業家）がいれば世の中で最も楽な商売ですヨ」

そこで「優秀な起業家（あるいは企業家）とはどのような人をいうのですか?」と再度突っ込んでみたところの答えは予想したとおりのものでした。

既存の大企業の秩序を打ち壊す精神で事業を起す人のことです。マイクロソフトのビル・ゲイツ然り、サンマイクロの創業者たち然りです。

マイクロソフトはＩＢＭを追い抜くという気持ちで、サンマイクロはＤＥＬＬを倒すくらいの志で設立されました。

ここにあるのはまさに「イワシが鯨を呑み込む」気概です。

でも彼らの弱点は最初のうちは資金力が不足していることでした。彼らの弱点をカバーするために資金を提供し、支えてきたのがベンチャーキャピタルです。

このマッチングがあって初めてベンチャー企業とベンチャーキャピタルは成功できるのです。

まさにベンチャー企業とベンチャーキャピタルは一心同体なのです。

そして、双方の成功の背景にあるのはやはり人脈作りの大切さと相互の信頼関係であることを強調していました。

2 協会会員を活用する

日本ベンチャーキャピタル協会の会員数は二〇〇三年五月末現在では八一社（名）です。

このうちの過半数がベンチャーキャピタルですが、それらの所在地を眺めてみますと首都圏は勿論ですが北は北海道から南は九州まで全国にまたがっています。その他の会員は弁護士事務所をはじめ監査法人、会計事務所、コンサルティング会社、さらには証券業協会、ＪＡＳＤＡＱというように業界の多様さも去ることながら実に数多くの会社、個人から構成されています。

つまり日本ベンチャーキャピタル協会はまさに起業する以前の時点から一つの目標である上場に至るまでに必要なノウハウがすべて備えられている器であるといえます。

ということは起業家（あるいは企業家）にとってこれほど便利なものはなく、また、利用しない手はないと言うことです。

それでもどのように利用したらよいのか迷っておられる方はまず、日本ベンチャーキャピタル協会のホームページ〈http://www.jvca.jp〉へアクセスして下さい。そして「お問い合わせ」の箇所をクリックしてください。そこに現れた表に必要事項を書き込んでいただきますと、一両日中に必ず返事が行きます。

しかし、全ての方々がベンチャーキャピタルの支援を得られるとは限りません。ビジネスモデルが不十分のケースがあるかもしれません、あるいはその他の理由があるかもしれません。

それでも解決の道が閉ざされているわけではありません。

会員会社がそれぞれの段階で解決してくれる筈です。

日本ベンチャーキャピタル協会はベンチャービジネスの発展に貢献することが重要であると考えており、その発展が、ベンチャーキャピタル業界の隆盛につながると確信しています。

イワシが鯨を呑み込むビジネスモデルをお待ちしております。

イワシが鯨を呑む日

2003年7月10日第1版第1刷発行
監修　堀井愼一
編著　エヌ・アイ・エフ ベンチャーズ
発行者　村田博文
発行所　株式会社財界研究所

[住所]〒100-0014東京都千代田区永田町2-14-3赤坂東急ビル11階
[電話]03-3581-6771[FAX]03-3581-6777
【関西支社】〒530-0047大阪市北区西天満4-4-12近藤ビル
[電話]06-6364-5930[FAX]06-6364-2357
[郵便振替]00180-3-171789
[URL]http://www.zaikai.jp

ブックデザイン　Klüg
印刷・製本　図書印刷株式会社

ISBN4-87932-032-3
定価はカバーに印刷しております。